HISTOIRE DU LION PERSONNE

Fiction & Cie

Stéphane Audeguy

HISTOIRE DU LION PERSONNE

roman

Seuil
25, bd Romain-Rolland, Paris XIVe

COLLECTION
« Fiction & Cie »
fondée par Denis Roche
dirigée par Bernard Comment

L'auteur a bénéficié, pour la rédaction de cet ouvrage, du soutien du Centre national du livre.

ISBN : 978-2-02-133178-3

www.seuil.com
www.fictionetcie.com

I

1

Yacine était heureux comme on l'est à treize ans. Il marchait depuis l'aurore sur la piste qui menait au fleuve Sénégal. Vêtu d'un simple pagne de toile écrue, il portait au côté un étui oblong contenant deux lettres de recommandation, soigneusement rédigées, roulées et cachetées par le père Jean, qui avait gardé de sa jeunesse de lecteur de romans interminables et galants un goût supposément médiéval pour les missives de ce genre.

Yacine n'en connaissait pas la teneur. Le père Jean avait pourtant proposé de lui en communiquer la substance avant de les rédiger. Le jeune homme avait refusé : le prêtre, certain de ne pas tenter l'orgueil d'un jeune homme qu'il soupçonnait plus assuré de ses dons que ne le voulaient la religion catholique et sa condition d'homme pauvre et noir, le couvrirait d'autant plus d'éloges. Et si parfois Yacine tremblait de ne mériter ni l'estime du prêtre, ni la sienne propre, étant de ces natures inquiètes qui sont fières quand elles se comparent, mais humbles quand elles se considèrent, il savait aussi que ces lettres de recommandation étaient son seul passeport vers un monde différent. Elles permettraient d'échapper enfin à ce village où il était né et que, il l'avait compris à la seconde où il en était sorti, ce matin-là, dans les lueurs tendrement violettes précédant l'aurore, il avait toujours détesté.

Yacine avait eu quelquefois honte de son hypocrisie. Le bon prêtre blanc ignorait que son meilleur élève ne croyait en aucun dieu. Il avait assidûment fréquenté son séminaire de fortune unique voie d'accès au savoir des Blancs dans la savane pelée où il avait grandi. Mais la plupart du temps, Yacine trouvait que c'était de bonne guerre : en dehors du père Jean, qui était un saint homme, les Blancs mentaient aux Noirs, depuis toujours. Il savait qu'il allait étudier là-bas, et travailler. Il marchait vers un avenir assurément rude, laborieux ; mais qui était le sien, et qui pour cette raison-là lui semblait singulier, inimitable, grisant. Il en espérait la liberté, pour autant qu'un nègre sans naissance pût prétendre à quelque liberté. En ressassant ces vagues pensées, il s'aperçut que depuis son départ il avait peu à peu interverti son usage des termes « ici » et « là-bas » : il en sourit de plaisir.

Yacine avait toujours aimé la sensation de la piste

sous ses pieds nus. Enfant, n'ayant jamais connu ni son père ni sa mère, il se plaisait à imaginer que ses parents, parmi tant d'autres, avaient foulé tel ruban de terre durcie, qui menait à un point d'eau ; ou cet autre, qui serpentait jusqu'à une sorte de colline prisée des chasseurs. Ensuite, en grandissant, il avait aimé élargir cette pensée jusqu'à comprendre dans sa méditation les milliers d'hommes, ancêtres inconnus, voyageurs, guerriers, marchands, sorciers, rois en visite, petits cultivateurs, qui avaient frayé cette piste dans la brousse, qui l'avaient martelée sans y penser, lui conférant cette singulière souplesse, cette alliance de fermeté et de discrétion qui donne aux hommes l'illusion que la terre peut leur être clémente, et qu'ils nomment à leur gré route, chemin ou voie, la prenant trop souvent pour argent comptant.

Yacine n'avait pas treize ans, mais il avait déjà compris tout cela. Et encore ceci : le gros des hommes ignore qu'il va mourir ; ceux qui le savent ne veulent pas, pour la plupart, le comprendre, et n'en tirent aucune conséquence pratique. Seule une poignée d'êtres vit sa vie, sa seule vie ; rien qu'une vie, mais toute entière. Poussière est le nom secret des hommes qui adviennent à la terre et la quittent sans un bruit, sans un frémissement du ciel. Yacine avait payé pour le savoir, pour autant que le néant puisse se savoir : les hommes meurent comme des chiens de village, comme les nuées grises de papillons de nuit. La variole avait anéanti parmi tant d'autres, lui avait-on dit, ses géniteurs, alors qu'il n'était encore qu'un nourrisson vagissant. Il n'y avait rien au-delà de ce monde-ci, quoi qu'en dît le bon père Jean qui l'envoyait à la ville poursuivre son instruction, et qui croyait à son dieu comme les anciens du village à leurs fétiches. Yacine avait un jour parcouru un Lucrèce oublié par un voyageur, à demi rongé par des insectes, et il y avait trouvé, comme une illumination, le premier et le dernier mot de sa philosophie : la peur pousse la masse des hommes vers la religion ; il convient de se déprendre d'elle, parce qu'elle tue l'esprit. Il avait compris que cette sagesse lui suffirait, jusqu'à sa mort. Un peu de temps, un peu d'espace. Au-dessus de sa tête, le ciel fixe des mathématiques, qui le fascinait. Et puis rien.

2

On était au début de la saison des pluies. Tous les chemins étaient encore praticables. Des herbes hautes couvraient déjà la savane, à perte de vue, et cet immense élan de sommités vert tendre, dénué de conscience mais non de vigueur, semblait chanter la jeunesse de Yacine comme celle du monde qu'il découvrait. Sous les acacias qui formaient à main droite comme un ample parasol, les girafes tachetées disparaissaient presque entièrement, dans la pénombre inégale. Yacine parvenait cependant à les distinguer, car il s'était exercé depuis son plus jeune âge à observer les choses et les êtres, encore qu'il n'eût guère quitté jusqu'alors la Mission, comme l'appelait en riant le père Jean, dont c'était la fierté. Sa Mission, soit, très exactement : trois cahutes de brique et de terre battue, près d'un hameau sans nom où végétaient quatre douzaines de petits cultivateurs-éleveurs, une haie d'épineux pour protéger le prêtre des fauves, et qui dessinait devant les baraques une vaste cour carrée, comprenant un jardin potager, un puits maçonné, curiosité de la région, ainsi qu'un modeste oratoire badigeonné de blanc, creusé dans une termitière abandonnée.

Cette manie de l'observation était venue à Yacine après que le père Jean, enivré par un abus de bière de mil, un soir que l'enfant se lamentait sur sa condition d'orphelin, ou plus précisément se plaignait des railleries et des brimades que lui valait cette situation auprès des enfants de son âge, lui eût dit que son père était, de l'aveu même des anciens du village, celui qui dans sa génération avait poussé le plus loin la maîtrise des arts de la chasse ; et qu'il avait notamment été, jusqu'à temps que la maladie le balaie vers le néant, un chasseur particulièrement recherché quand il s'agissait de traquer le lion ou l'hippopotame.

Yacine n'avait jamais été touché par la variole, et sa peau lisse et brillante était une raison de plus, pour les villageois de son âge, de le haïr, ce fléau ayant marqué, parfois défiguré, la plupart d'entre eux. Aussi Yacine enfant préférait-il imaginer que son père avait péri, tout simplement, sous la dent d'un grand fauve qu'il pistait, armé d'un arc et de ses flèches dûment, rituellement empoisonnées ; ou encore, que la gueule de quelque monstre fluvial l'avait emporté sous les racines d'un immense palétuvier, afin de le dévorer à son aise.

Plus tard, Yacine avait été le souffre-douleur des adultes, que la coutume obligeait à nourrir les orphelins, et des enfants, qui sont impitoyables à tout ce qui peut distinguer l'un de leurs semblables. Ensuite le père Jean était arrivé de nulle part, et s'était installé là. Son second geste diplomatique, après des cadeaux en nombre aux notables et à leurs femmes, avait été de prendre à la Mission, comme factotum et comme protégé, ce petit pelé couvert de bleus et de cicatrices que le village tuait, mais à feu doux, par manque de courage.

Toujours cheminant, Yacine passa près du plus grand baobab de la région. Il avait dû mourir durant la saison sèche, qui venait de s'achever. Il ne lui restait pas une feuille et bientôt, cédant à l'industrieuse voracité de termites invisibles, gonflé d'humidité, il s'effondrerait sur lui-même, comme ce gros homme que Yacine avait vu choir inopinément sur le marché de Podor, six mois plus tôt, au milieu d'un marchandage animé ; et dont l'œil droit, resté ouvert, s'était voilé avec une rapidité prodigieuse, transformant ce qui avait été son corps en une masse grotesque, encombrante, insensée. Il découvrait que la vie est mouvement, qu'une main trop longtemps immobile perd sa qualité de main. Il avait vu la vie se retirer comme une vague de ce grand corps et, depuis, ce sinistre miracle surgissait régulièrement dans sa conscience, pour la hanter.

Pour l'instant, le baobab semblait encore une force de la nature, et il pouvait toujours faire illusion aux yeux d'un passant distrait, ou d'un Blanc ignorant. Son sens aigu de la fragilité de l'existence et sa passion des conjectures mathématiques avaient conduit Yacine à estimer constamment les risques présentés par la situation où il se trouvait. Quand il entendit à quelques mètres de lui des froissements d'herbages, sans même se retourner il s'élança vers l'arbre, s'assura une prise sur le tronc replet, ayant déjà repéré comment il se hisserait jusqu'à la première fourche du baobab pour chercher dans sa haute ramure un asile – si du moins celle-ci ne tombait pas en poussière.

Cependant la curiosité le retint sur la première fourche, d'où il se déhancha et se contorsionna pour tenter de découvrir l'origine de ces sons. Ce ne pouvait être, dans de tels parages et à ce moment de l'année, un rhinocéros, car la saison des pluies n'était pas assez avancée pour former, avec la crue du fleuve, l'un de ces vastes marigots où l'animal aimerait à paître et à se baigner. Il y avait bien un point d'eau, à cinquante pas de là, que signalait, au-dessus des têtes des graminées, une nuée d'insectes, le vol d'approche de quelques oiseaux ; mais il était trop tard ou trop tôt pour y croiser des guépards ou des lions. Quant aux éléphants, ils se tenaient à l'écart des sentiers battus par les hommes. Non qu'ils les craignissent.

Simplement, ils recherchaient les pâturages les plus abondants, les frondaisons les plus fournies, capables d'assouvir leur colossal appétit. Le bord des chemins ne leur suffisait pas.

De toutes les façons il y avait toujours du bruit dans la savane, qu'il provienne des ibis, des criquets, des oiseaux, des hommes, des orages ou du vent ; quant aux êtres véritablement dangereux que l'on trouvait toujours et partout, ceux-là ne s'entendaient ni ne se voyaient, ou bien c'était déjà trop tard : serpents, scorpions, fauves réduits par la nécessité à chasser de jour.

3

Le jour était levé maintenant. Yacine n'avait pas peur. Ou plutôt, et puisque le père Jean lui avait enseigné que l'homme courageux est celui qui, connaissant la peur, la surmonte, il avait décrété qu'il ne serait pas de ceux qui laissent un danger passablement improbable le traîner de-ci de-là par les cheveux.

Yacine, s'enhardissant, sauta sur un tapis craquant de feuilles séchées, contourna l'énorme tronc, fit quelques pas dans la direction d'où lui avait semblé provenir ce bruit d'herbes froissées. Et quand enfin il en aperçut la source, il crut qu'il allait mourir là. Il ne s'agissait, certes, que d'un lionceau inoffensif, qui ne devait pas être vieux de plus de trois mois. Yacine savait que son géniteur mâle n'était pas davantage à craindre, puisqu'il dormait les trois quarts du temps, surtout le jour, et ne s'occupait guère des petits ; en revanche jamais une lionne, en un tel lieu et à une heure pareille, ne se serait éloignée de son petit. Yacine se prépara au pire, en reculant le plus lentement possible, s'attendant à sentir sur son dos, d'un instant à l'autre, plusieurs quintaux de fureur sauvage, espérant que sa mort serait rapide et sans douleur. Mais rien ne vint. Le lionceau, lui, manifestement affolé, s'avançait, à mesure que Yacine reculait, vers cette source de réconfort possible ; peut-être avait-il senti le lait de chèvre que Yacine portait dans une calebasse attachée à sa ceinture. Yacine recula encore, le cœur battant, et le lionceau le suivit jusque sur le chemin, en gémissant plaintivement. Enfin il trébucha, s'affala aux pieds du jeune homme qui, dans un élan de pitié spontané, s'accroupit pour le caresser. L'animal cherchait à se blottir contre lui. Il tremblait d'épuisement.

Pas de signe de la lionne. Alors Yacine comprit qu'il s'était passé quelque chose, qu'il était arrivé malheur à la mère. Il observa l'horizon herbeux en diverses directions, cherchant si un attroupement de charognards, hyènes et vautours, signalait ici ou là un cadavre. Il n'en vit aucun. Il grimpa même sur une termitière voisine, abandonnée et monumentale : à perte de vue, toujours rien, sinon une harde d'éléphants immobiles, sans doute endormis, posés à l'horizon comme des roches erratiques ; et, dans un bosquet d'acacias voisin, la plainte nasillarde des ibis écarlates.

Yacine s'était légèrement écarté du lionceau, qui n'avait pas bougé. Il revint s'accroupir près de lui, et l'animal insinua sa truffe fraîche entre ses cuisses, puis se dressa dans son giron en gémissant faiblement, en posant ses petites pattes sur le ventre de Yacine. Une pluie fine se mit à tomber. Il se frottait maintenant presque mécaniquement aux jambes du jeune homme, comme un gros chat amoindri par la peur. Yacine se décida à le prendre dans ses bras. De toute façon, le lionceau était promis à la mort si on le laissait là. Yacine savait qu'imprégné de l'odeur des hommes, il subirait l'hostilité de quelque habitant de la savane : un lion, incommodé par sa puanteur, le déchirerait avec colère ; une hyène famélique lui broierait la gorge. Yacine alla s'asseoir un peu plus loin, sous un arbre à saucisses, espérant vaguement que les senteurs nauséabondes de ses fleurs les protégeraient tous les deux. Il installa l'animal sur ses genoux et trempa un coin de son pagne dans sa calebasse de lait de chèvre. Le lionceau téta avidement. Yacine renouvela patiemment l'opération. Le lionceau repu se mit à ronronner ; puis il s'endormit.

Yacine reprit sa route, l'animal posé sur son épaule, abandonné, confiant. La pluie fine n'avait pas cessé. Il faisait presque froid. Yacine remonta un pan de sa chemise, pour abriter son protégé. On lui avait parfois confié au village des corvées triviales et même, une fois, la surveillance d'un puits ; mais c'était la première fois qu'il avait à sa charge un être vivant.

Il était furieux de constater que sur le chemin de sa liberté il n'avait rien trouvé de mieux à faire que de s'encombrer d'un pareil fardeau. Mais il était aussi étrangement, profondément ému par ce nourrisson.

4

Yacine se rendait à Saint-Louis car il était le meilleur élève du père Jean. Ce dernier accueillait, pour leur enseigner des notions de langue française, de lecture et d'écriture, des enfants noirs de la région tout entière ; c'est-à-dire ceux dont les parents escomptaient qu'ils leur apporteraient la fortune en maîtrisant les savoirs et les sciences des Blancs. Yacine aimait le grec. Il admira les héros de l'Antiquité dont il traduisait les vies dans le vieux Plutarque de son maître, à la Mission ; mais ce qu'il adora par-dessus tout, ce furent les mathématiques. Quand le bon père lui avait montré les rudiments de cette science mystérieuse, il n'avait pas eu besoin de travailler ou d'apprendre, si apprendre est une peine et travailler une servitude. Il avait littéralement vu, et même, lui semblait-il, senti de toutes les fibres de son corps, qu'un monde nouveau s'ouvrait devant lui, avant même que de commencer à le comprendre véritablement. Avec une netteté qui parfois l'effrayait, car cet univers se présentait à lui sous deux espèces apparemment antagonistes. D'une part, les mathématiques constituaient un espace et un temps profondément étrangers à ceux des hommes, et Yacine s'y promenait avec ivresse, comme en pays de connaissance, jouissant de la rigueur de ses lois, des singularités inouïes de certains êtres étrangers qu'il y rencontrait, des splendides paysages mentaux qui surgissaient soudain dans l'esprit de l'apprenti mathématicien. D'autre part, la science mathématique était cet outil formidable de description de la nature, ce point d'appui à partir duquel tous les ingénieurs du monde des Blancs construisaient des ponts, des forteresses, des vaisseaux, des armes, grâce à quoi ils étaient capables de s'orienter sur toutes les mers, de prévoir les phénomènes les plus disparates, de connaître, en somme, la plupart des secrets de la nature des choses, de sorte qu'ils pouvaient prétendre, un jour, comprendre entièrement l'univers, et s'en faire le maître le plus absolu, comme ils avaient ici à peu près asservi les populations qui étaient à leur portée ; et soumis les tribus plus lointaines à leurs façons de commercer.

Il s'en fallait de beaucoup que le père Jean fût un mathématicien émérite. Avec Yacine, il avait vite atteint le fond de son sac. Les dons de l'enfant à l'âge de dix ans lui permettaient déjà de dépasser son maître. Leur développement requérait de plus savants tuteurs. Le père Jean s'était résigné à se séparer de son meilleur élève, mais il avait longtemps différé ce crève-cœur. Il y avait à Saint-Louis du Sénégal, cité qui ne bénéficiait pas du statut d'évêché, un préfet apostolique nommé Coste. Jean l'avait connu autrefois, à Paris, au séminaire de la rue du Vieux-Colombier : l'homme était fort versé dans les mathématiques, et correspondait à ce sujet avec les meilleurs esprits d'Europe. Auprès de Coste, Yacine pourrait pousser son avantage, devenir diacre peut-être, s'élever définitivement au-dessus de sa condition, ainsi que le méritait son intelligence. La première lettre de recommandation du père Jean lui était adressée. La seconde était destinée au nouveau directeur de la Compagnie royale du Sénégal, qui venait d'entrer en fonction, et qui aurait peut-être l'usage des talents du jeune homme.

Le lionceau s'éveilla et tout de suite il se mit à gémir sans discontinuer, comme un animal possédé, ou frappé de manie. Sa mère lui manquait : il était ce manque, et rien d'autre. Il cherchait sur Yacine un endroit où téter, et cela fit rire le jeune homme, tout en lui serrant le cœur. Il donna le reste de son lait à l'animal. De son côté, et malgré la sécheresse de sa bouche, il avala son dernier morceau de gruau de millet. Yacine n'avait pas parcouru le dixième de son itinéraire, et il n'avait plus de provisions de bouche. Il soupira, puis décida qu'il fallait attribuer un nom à l'animal. La courte vie de Yacine l'avait déjà rendu fort sensible à cette question. Il avait toujours considéré son prénom avec une certaine défiance, parce qu'il était la seule chose que ses parents lui avaient léguée, et qu'il leur en voulait, tout en reconnaissant l'absurdité de ce grief, de l'avoir abandonné si jeune. Quand il était seul, il ne pensait pas à lui-même comme à Yacine. De son côté le père Jean l'avait tout naturellement nommé, en le faisant entrer dans la communauté des chrétiens, Baptiste ; mais le vieil homme était bien le seul à l'appeler ainsi. Tout mécréant qu'il fût, Yacine ne se voyait tout de même pas donner un prénom chrétien à une bête, ni, pour des raisons analogues, un prénom africain. L'usage, non plus que ses mathématiques, ne lui disait comment l'on peut procéder pour baptiser un lionceau. Yacine regarda son compagnon, attendant que l'inspiration lui souffle quelque chose. Rien ne lui vint. Et pourtant il lui semblait bien que le lionceau avait une expression particulière ; qu'il ne pouvait seulement le considérer comme une petite mécanique sans âme, ainsi que les savants d'Europe dont lui parlait le père Jean prétendaient que l'on fît ; et qu'en somme il ne pouvait aller sans prénom.

Alors il lui revint en mémoire son épisode favori

parmi toutes les aventures d'Ulysse, son héros préféré. C'était celui où, par ruse, Ulysse échappe au cyclope Polyphème, et s'éloigne en lui lançant, comme un signe de dérision suprême, un faux nom. Le père Jean lui avait d'abord fait lire, tout jeune, le poème d'Homère dans la traduction en français de l'archevêque Fénelon. Yacine avait d'emblée éprouvé une vive sympathie pour l'auteur de ce livre étrange, parce qu'on ne savait rien de lui ni de sa vie, sinon qu'il était poète, et aveugle. Et c'était comme si son incapacité à voir quoi que ce fût de ce monde-ci lui avait permis d'en créer un autre, qui lui ressemblait assurément, mais possédait ses lois propres, ses habitants singuliers, cet air d'étrangeté et d'irréfutable existence sans lequel il n'est pas de véritable poésie ; et Yacine avait alors compris qu'il n'y a pas loin de la poésie à la mathématique. Aux yeux de l'enfant qu'il était, le grand Homère apparaissait comme cette figure sans visage, solitaire et sans famille, qui se tenait debout, seule, à l'origine de toute littérature profane ; seule, et cependant régnant sur la communauté sans nombre de ses lecteurs. Alors, Yacine décida que ce lionceau se nommerait Kena, ce qui dans la langue de la tribu où il avait grandi signifiait : Personne. Il se pencha sur le nourrisson affalé à ses pieds pour le lui annoncer ; mais l'animal s'était endormi, peut-être pour échapper à la faim. Yacine posa néanmoins sa main sur la petite tête chaude et douce, et murmura trois fois son nom de baptême. Puis il se redressa et, plaçant Kena, comme un petit baluchon, à cheval sur son épaule droite, il reprit sa marche vers le fleuve.

5

Yacine était parvenu au bord du Sénégal. Le fleuve, déjà lourd de toutes les boues grasses qu'il avait arrachées aux sols noirs de l'intérieur, les charriait aveuglément vers l'océan. Pour Yacine, ce large ruban sombre était la route qui prolongeait le chemin de terre qu'il venait de quitter, la promesse d'un monde vaste, ondoyant et divers. Le père Jean avait expliqué à Yacine ce qu'il devait faire : durant la saison humide, tous ceux qui avaient à vendre quelque chose à Saint-Louis convergeaient vers le fleuve qui ne cessait de grossir jusqu'au moment critique où, débordant de tous côtés, il devenait quasiment impraticable, en attendant la prochaine décrue. Il suffirait à Yacine de se poster sur la rive, en des endroits bien en vue, connus de tous et qui se repéraient aisément, pour trouver passage sur une pirogue, sur un radeau, à bord d'un canot. Tout le monde, et jusqu'à certains Blancs, parfois, se conformait à cet usage du fleuve ;

de sorte que les plus pauvres eux-mêmes pouvaient rejoindre Saint-Louis.

Le lionceau Kena refusa de se désaltérer dans ce fleuve noirâtre, et de nouveau il pleurnicha de détresse. Yacine utilisa un coin de son pagne pour filtrer un peu d'eau dans sa calebasse, et l'animal la but. Heureusement, ils n'eurent pas longtemps à attendre. Une longue pirogue chargée d'ignames et de morfil apparut en amont, au détour d'un méandre, descendant sans effort le fil du courant, et le pilote, qui était seul, dirigea habilement son vaisseau vers Yacine, lui lança un cordage de sisal et se rangea contre la rive, d'un coup précis de gouvernail.

C'était un vieillard sec comme une pierre, à qui il ne restait qu'une dent. Il appartenait à une tribu peule. Il avait choisi de vivre seul à la mort de son épouse et de ses deux enfants, emportés par la crue soudaine d'un oued. Il parlait comme s'il n'attendait pas de réponse, et il ne posa aucune question à Yacine. Il se nommait Hammadi et venait de Podor, qui était, loin en amont de la Mission, la seule ville importante de la région. Yacine en avait entendu parler depuis toujours. Elle était établie sur la fameuse Île à Morfil, immense langue de terre insubmersible posée au milieu du fleuve. Pendant toute son enfance Yacine avait souvent rêvé sur ce nom d'Île à Morfil. Il lui paraissait le comble du mystère, personne n'ayant songé à lui dire que le morfil est le nom que les Blancs donnent aux défenses d'éléphant ; et il avait imaginé une ville peuplée d'êtres savants, doux et beaux, où il ferait bon vivre. C'était à la Mission, dans un volume défraîchi et dépareillé d'une encyclopédie, qu'il avait appris la vérité. Il expliqua tout cela d'une traite au vieil homme.

Hammadi rit bruyamment de cette vision. Il y avait selon lui bien longtemps qu'on ne trouvait plus, sur l'île elle-même, ces grands troupeaux d'éléphants dont on se transmettait la légende ; ni la moindre trace de leur cimetière qui, s'il avait jamais existé, avait été pillé par tout le monde, marchands arabes, aventuriers anglais ou français, nomades du Nord. Mais on trouvait encore à chasser l'éléphant sur l'île et surtout dans le reste de la région ; de sorte que chaque année les comptoirs de la ville de Podor se hérissaient, juste avant la saison des pluies, de défenses liées deux à deux dont les courtiers négociaient âprement le prix ; et que des pilotes chevronnés comme Hammadi étaient chargés d'acheminer ensuite vers Saint-Louis, pour les livrer à des marchands d'ivoire en gros, à des artisans qui le travaillaient de toutes les façons possibles afin d'alimenter le marché européen ; pilotes qui chargeaient leur barque jusqu'à en menacer la flottaison, comblant les intervalles laissés par les dents d'ivoire avec des calebasses emplies d'ignames et des sacs de cosses de tamarin parce que le produit de ces ventes-là leur revenait directement.

Hammadi partagea généreusement ses provisions de bouche avec Yacine, et lui donna un peu de lait caillé pour le lionceau. Au moment d'embarquer Yacine crut devoir expliquer comment il avait trouvé Kena, mais Hammadi ne fit aucun commentaire. Yacine s'en alla se blottir, en pliant sous lui ses longues jambes, à la poupe de la pirogue, posant Kena dans son giron tandis qu'à ses côtés Hammadi, agenouillé à la barre, surveillait le bordage de son vaisseau qui s'enfonçait parfois dangereusement, au gré des remous, dans les eaux tumultueuses du fleuve.

Hammadi disait qu'après avoir livré sa cargaison et vendu ses marchandises, il s'embaucherait comme portefaix en ville, comme il le faisait chaque année ; puis, au début de la saison sèche, il remonterait à la voile le fleuve calmé, méconnaissable, avec une cargaison de pots de fer, de têtes de houe, de lames de serpe qui trouveraient acquéreur au-delà de Podor. Yacine, qui n'était pas peu fier de son lionceau, maintenant qu'il avait le ventre plein et que la savane était loin, revint à la charge. Il était heureux, déclara-t-il, de l'avoir sauvé ; mais le vieil homme le corrigea sèchement : Yacine avait condamné l'animal à ne plus jamais pouvoir vivre dans la savane, parmi les siens. Yacine répliqua qu'il serait mort sans lui, et Hammadi en convint ; mais il avait vu bien des animaux jeunes dépérir au contact des hommes, en dépit des soins attentifs qu'on leur prodiguait. Et ce disant il tira une gourde de sa ceinture, confia la barre à Yacine, et entreprit de nourrir Kena. Le lionceau s'endormit. Les humains se turent. La pirogue filait au ras des eaux, dans un étincellement d'écume. Yacine s'installa sur deux défenses et, sur ce lit d'ivoire étonnamment confortable, il s'abîma dans la contemplation des nuages qui défilaient au-dessus d'eux. Et ces signes intangibles et pourtant réels qu'aucune vie humaine n'épuiserait jamais la vastitude du monde lui firent venir les larmes aux yeux.

Comme on approchait de l'embouchure du fleuve, Hammadi reprit la parole pour conseiller à Yacine de vendre son lionceau sur le quai, le plus vite possible, c'est-à-dire avant qu'un Blanc ne s'avise de le lui voler en lui jetant une piécette pour tout dédommagement. Yacine, qui avait réfléchi à la question, remercia le vieux pour ce conseil et, prudemment, il ne s'ouvrit pas à son compagnon de voyage du projet qu'il avait formé.

Ils déjeunèrent avant leur arrivée. Largement édenté, Hammadi se nourrissait de fruits et de viandes séchées qu'il trempait d'eau ou de lait, ainsi que d'une sorte de fromage de chèvre fort mou qui parut délicieux à Yacine. Kena refusa de goûter du fromage, mais acheva de vider la gourde du pilote. Les humains de leur côté partagèrent une igname, qu'Hammadi râpa avec son couteau : ils en suçaient le jus, et crachaient la pulpe au fil de l'eau.

L'air se chargea d'effluves marins, de bouffées méphitiques provenant des hautes frondaisons de palétuviers qui sur chaque rive fermaient l'horizon. Le courant du fleuve en crue les portait vers leur destination comme des fétus de paille, et en quelques heures ils parvinrent en vue de la grande île que les anciens appellent Ndar ; et que les Blancs avaient nommée, pour la métamorphoser en une ville, Saint-Louis. Yacine avait appris qui était ce Louis dont on avait fait un saint : une sorte d'antique et illustre chef des Français, qui rendait la justice sous un arbre à palabres, tout comme les vieux du village – ceci n'était pas pour plaire à Yacine qui méprisait les sages sentencieux de son village. On disait que ce roi avait navigué jusqu'au large de la Tunisie, où il était mort ; mais il n'était jamais descendu vers les côtes du Sénégal. De cette mort en croisade, Yacine n'avait retenu que ceci, qui l'enchantait : comme il menaçait de pourrir sous le soleil africain, et qu'il fallait le ramener, pour l'inhumer, en terre consacrée, on avait cuit, dans un mélange d'épices, d'aromates et de vin, après l'avoir dépecé comme un gibier, le cadavre de Louis le Neuvième, jusqu'à ce que les chairs se détachent des os.

À proximité de l'île de Saint-Louis, Kena s'agita et se remit à gémir ; Yacine fit comme il avait vu les mères, au village, faire pour les enfants les plus jeunes : il lui donna un doigt à sucer ; pas le plus petit, car tout de même les dents de Kena lui avaient semblé bien aiguës ; il introduisit le bout de son index entre les babines du lionceau, qui se mit à téter comme un somnambule et bientôt devint mou et lourd sur les genoux de son protecteur. Les bateaux sur le fleuve se faisaient de plus en plus nombreux. Droit devant eux, grandissait rapidement une bande pâle que les feux du soleil tropical, achevant tout juste de s'élever au-dessus de l'horizon écarlate, rendaient peu à peu aveuglante.

6

Devant la pirogue, l'île des Français fermait maintenant l'horizon, long rectangle de terre épousant le sens du courant, hérissé de hautes bâtisses telles que Yacine n'en avait jamais vu ; les vieux du village disaient que les Anglais et les Français étaient arrivés un jour et qu'un jour ils passeraient, tandis que les dieux africains, éternels et anciens comme le ciel, le fleuve Sénégal ou la terre, demeureraient jusqu'à la fin des temps ; quant aux Noirs eux-mêmes, n'étaient-ils pas la demeure des Esprits ? Mais les vieux du village avaient beau dire : Yacine, ébloui par la magnificence des édifices des Blancs, se disait qu'il y avait là de quoi se passer de l'éternité et des dieux.

Le soleil avait vite cessé d'incendier l'horizon. Il noyait maintenant les bâtiments dans un bain d'argent liquide et brûlant. Tout finirait sans doute, Yacine y compris, assurément ; mais pour l'instant il était là, debout à la poupe de cette pirogue, et il admirait l'animation des quais, l'agitation joyeuse du port. Il n'avait jamais vu un spectacle pareil. Certaines maisons s'élevaient dans le ciel comme les plus grands arbres. Maintenant il se rendait compte que les façades étaient peintes de couleurs vives, quoique écaillées par endroits ; derrière ces hauts murs se trouvaient sans doute ces boîtes dans lesquelles on s'allongeait, selon le prêtre Jean, pour dormir ; et qu'on appelait des lits. Il n'était jamais parvenu à se représenter la chose, parce que Jean, comme tout le monde, s'étendait, la nuit, sur un matelas grossier de feuilles séchées, posé à même le sol, et utilisait un appuie-tête en bois, comme ses paroissiens.

Hammadi dirigeait son vaisseau droit sur le quai, face au courant ; au dernier moment, il donna un grand coup de barre et sa proue glissa contre les fascines prévues à cet effet. Il lança un bout à un gosse presque nu, qui le tira contre un escalier maçonné ; les pêcheurs avaient accosté quelques heures plus tôt, et achevaient de vendre le produit de leur travail à des femmes blanches à ombrelle, que Yacine prit pour de riches princesses, et qui n'étaient que des servantes. Il y avait aussi de nombreux hommes blancs. Jusqu'à présent Yacine n'en avait fréquenté qu'un seul. Il en avait bien croisé quelques autres, de passage au village, mais sans pouvoir les approcher ni les observer attentivement. Le prêtre Jean était un homme petit, replet, rougeaud, aux rares cheveux blancs. Ceux qu'il découvrait maintenant en nombre et qui, sur les pavés du port, vaquaient à leurs occupations sans se soucier de lui, semblaient plus grands, plus pâles, plus élégants que le vieux prêtre ; et d'une variété de vêtures et de corpulences qui l'étonna. Il existait donc, apparemment, toutes sortes d'hommes blancs : des colosses massifs, de complexion rose pâle, aux cheveux presque jaunes ; de petits êtres à la peau verdâtre, au cheveu noir et luisant, secs comme des sarments ; d'autres encore, affichant toutes les nuances de teint possibles, du blanc au brun. Et cependant Yacine avait l'impression qu'ils se ressemblaient tous. Il se demanda comment il ferait pour les différencier, quand il faudrait entrer en commerce avec eux. Tout ce monde criait en des langues qu'il ne pouvait identifier, à l'exception du français.

Le prêtre Jean lui avait souvent parlé de Saint-Louis, et même un peu de Paris, quand l'heure de son départ avait approché. Mais il y a en ce monde trois immensités qui font battre le cœur des hommes et que rien ne prépare à voir : les montagnes, les mers, les cités. Yacine sentit, comprit, aima immédiatement la ville, ses tumultes, ses foules, ses odeurs composites. Il avait toujours su qu'il ne retournerait pas au village, si jamais il trouvait le moyen d'en sortir ; et que les grandes cités étaient précisément destinées aux êtres qui, comme lui, se voulaient sans famille et sans attaches. En montant sur le quai, il eut l'impression de naître enfin ; et mieux que la première fois, sans doute. Il avait aimé son enfance. Il avait haï être un enfant.

Sur le quai, le vieil Hammadi engagea quelques portefaix qui commencèrent de décharger ses marchandises, plaçant les ignames dans de larges paniers, empilant habilement les paires de défenses sur des voitures à bras, tandis que des acheteurs en puissance affluaient. Hammadi jouait là la prospérité de son année entière, mais il était également sentimental, à sa grande honte : aussi congédia-t-il presque brutalement Yacine, lui disant sèchement adieu tout en glissant dans sa main quelques piécettes en guise de viatique. Le garçon s'éloigna. Des hommes de diverses nations l'entourèrent bientôt et cherchèrent à lui acheter son lionceau, parfois dans un français inégal, parfois par des gestes engageants ou menaçants. Mais Yacine avait son idée. Il résista à tous ces trafiquants en affichant un air de stupidité qui n'étonna personne. Il demanda seulement où se trouvait la maison du directeur de la Compagnie royale du Sénégal et se mit en route, dissimulant Kena dans les plis de sa tunique. Il croisa des centaines de Blancs et de Noirs, car il remontait l'avenue principale, et qu'on était un jour de marché.

Mais il connut une surprise encore plus grande, en apercevant des hommes d'Afrique comme il n'en avait jamais vu : certains fort petits, vêtus comme des Blancs, serrés dans ces costumes en plusieurs pièces couverts de boutons, mais pieds nus ; d'autres d'un noir presque violet, les traits plus fins que les hommes de son village, le buste étroit, les membres déliés, qui portaient des tuniques courtes et sans manches ; d'autres encore plus graciles, immenses, enveloppés dans des tissus bariolés, la tête coiffée de ce qu'il avait pris d'abord pour un couvre-chef, mais qui était des tresses étranges et chantournées, ornées de perles. Il croisa également une vingtaine de Noirs qui marchaient encadrés par quelques Blancs en armes et des contremaîtres, les pieds entravés de chaînes, en direction des quais. C'étaient probablement des hommes de l'intérieur. Yacine ne put identifier ni leurs coiffures, ni leurs scarifications. Ils sentaient l'urine, l'ordure et la mort.

7

Au bout de la rue principale, Yacine se trouva enfin au pied d'une haute demeure crépie de blanc. C'était la résidence du directeur de la Compagnie royale du Sénégal ou plutôt le siège de la Compagnie, et fort accessoirement le logement de fonction du directeur lui-même ; lequel, par souci de probité et d'économie, avait refusé de se faire construire l'une de ces grandes machines à trois étages où les notables et les marchands, ici, affectionnaient d'étaler leur fortune. Lui dormait dans une petite pièce nue, au dernier étage, servi par un unique valet.

Un domestique dans une livrée très simple accueillit le jeune homme sans paraître remarquer le lionceau, et le fit attendre dans une antichambre. Il y avait au sol un immense tapis de haute lisse figurant des scènes d'Homère, et Yacine voulut y voir un signe de bon augure. Il posa le lionceau sur le tapis et, comme l'attente se prolongeait, il oublia où il était et se mit à quatre pattes pour les admirer plus commodément. On voyait là un imposant banquet de dieux ; le cyclope, hurlant sa douleur et maudissant le sort ; et bien sûr l'inventif Ulysse, ficelé au mât de son navire, par l'une de ses innombrables ruses, environné de créatures ailées et féroces qui chantaient pour sa perte. Soudain Yacine entendit derrière lui un rire discret. Il se releva précipitamment, tout en s'apercevant avec consternation que le lionceau avait compissé le tapis, à l'endroit où des cochons entouraient une femme à l'air cruel qui tenait Ulysse par le bras.

Jean-Gabriel Pelletan de Camplong était un petit homme gai au regard bon, au corps sec, et d'une laideur frappante. Il salua Yacine d'une légère inclinaison du buste et lui dit en souriant, oubliant qu'il parlait à un nègre, que Circé ne serait pas contente de se voir ainsi traitée, fût-ce par un lion. Négligeant toute prudence, Yacine, lancé sur l'un de ses sujets de prédilection, répondit prestement que Circé vivait environnée de loups et de lions, selon les termes mêmes du Poète, et qu'il était donc peu probable qu'elle prît ombrage de l'étourderie d'un si petit fauve. Pelletan se mit à considérer ce curieux jeune homme avec attention. Ils échangèrent encore quelques paroles au sujet de l'*Odyssée*. Enfin Yacine, retrouvant ses esprits, se présenta selon les règles, et Pelletan put lire la lettre qui lui était destinée tandis que deux serviteurs réparaient les dommages commis par Kena. Ensuite ils voulurent l'emporter dans la cuisine mais Kena se réfugia dans les jambes de Yacine, qui le prit dans ses bras et, à force de caresses et de mots murmurés, parvint à le confier à l'un des serviteurs, qui l'emporta bien vite, en prenant des airs pincés.

Yacine trouvait la voix de son interlocuteur si mélodieuse qu'il avait peine à écouter ce que Pelletan lui disait. Il semblait chanter plutôt que parler, et Yacine n'avait jamais entendu la langue française vibrer de pareils accents. Le directeur prit familièrement le bras de Yacine et lui fit visiter la maison, tout en lui contant, dans un pêle-mêle animé, combien il aimait Saint-Louis, où il venait seulement d'arriver ; qu'il était lui-même natif d'une ville portuaire que l'on appelait Marseille, où l'on croisait des hommes de tous les coins du royaume, mais aussi des rivages de la Méditerranée, comme ici il se rencontrait des voyageurs de toute l'Afrique occidentale, de la lointaine Europe, des Indes même, parfois ; dès son enfance cela lui avait donné le goût des étrangers ; cependant il n'avait guère pu satisfaire ce goût jusqu'à présent, pour des raisons familiales ; l'Afrique était son premier voyage au long cours. Le tout entrelardé de questions diverses sur

Yacine, sur son animal de compagnie, sur son goût pour les mathématiques, sur ses pauvres parents. Ils étaient parvenus à l'arrière de la maison, où se trouvaient les bureaux de la Compagnie. Pelletan montra un petit bureau où Yacine exécuterait pour lui, dans un premier temps, des copies d'actes, de lettres, de comptes, en attendant d'être versé, s'il donnait satisfaction, au service de l'une des plus puissantes marchandes métisses de la ville, de ces femmes qu'on appelait les signares. Puis il reprit sa visite et fit de nouvelles questions.

Soudain Pelletan s'arrêta de parler. Ils étaient d'ailleurs revenus dans l'antichambre de son bureau. Il s'excusa en riant de jacasser comme une pie, annonça qu'il préférait appeler son nouveau protégé Yacine plutôt que Baptiste, et lui demanda s'il avait songé, de son côté, à donner un nom à son compagnon à quatre pattes. Yacine répondit qu'il y réfléchissait encore, et se maudit intérieurement de se montrer si méfiant avec un homme si manifestement bon ; mais il conta exactement et franchement la découverte du lionceau. Pelletan dit qu'il avait pensé à l'appeler Simba, et ce fut au tour de Yacine, qui était resté fort sérieux jusque-là, de laisser échapper un large sourire. Puis il rougit, se mordit les lèvres et présenta des excuses à son nouveau maître. Mais Pelletan, qui décidément était bonhomme, le pria de s'expliquer. Alors Yacine lui confia qu'il s'était souvenu que dans son village, on aimait à se moquer des toubabs, de leurs petits travers ; et que parmi ceux-là il y avait la manie de vouloir toujours appeler les lions Simba. Ce qui était assez bête : le mot signifiant lion, c'était un peu comme si les Noirs décidaient d'appeler tous les chiens des Blancs Chienne, ou Chien ; il lui paraissait d'ailleurs, à lui Yacine, que les lions étaient assez semblables aux hommes, et méritaient, comme eux, chacun un nom particulier. Qu'il convenait, en somme, d'honorer leur existence et leur beauté d'un patronyme qui serait comme le signe d'une reconnaissance ; un nom avec lequel ils pourraient vivre et mourir en paix, et grâce auquel on pourrait se rappeler d'eux ; tant il est vrai que les êtres sans nom glissent aisément dans l'oubli ; qu'enfin il avait une confession à faire à Pelletan. Il n'avait pas osé lui avouer d'abord que ce lion-là avait déjà un nom, choisi par lui, Yacine. Pelletan éclata de rire et s'enquit de savoir si Yacine voulait bien le lui dire. Yacine dit que le lionceau se nommait Kena et Pelletan, qui avait décidé, contrairement à son prédécesseur, d'apprendre le wolof, se trouva enchanté de connaître le sens de ce mot. Yacine s'expliqua : puisque Kena semblait capable de survivre dans un monde si différent du sien, il méritait ce surnom fameux de l'héroïque Ulysse, qui avait outrepassé de sa ruse la puissance du cyclope, traversé des contrées étranges et hostiles sans succomber avant de revenir, chargé d'ans et d'expériences, dans son île natale.

Pelletan déclara que le nom était très bien choisi, mais il ajouta que dans la mesure où Yacine l'avait appelé toubab, ce qui n'était pas très gentil, quoique mérité ; dans la mesure, aussi, où il faudrait pourvoir à l'entretien de Kena, et à sa nourriture, ce qui n'était pas rien, il estimait avoir, lui Pelletan, le droit de participer à son baptême. Il prévoyait d'ailleurs qu'on lui reprocherait d'avoir accueilli à la Compagnie une bête sauvage aussi féroce : un nom français s'imposait car il marquerait, aux yeux des sots, que ce lion-ci était ici par la volonté du maître blanc. Et cela ferait en somme de lui, nouveauté sans précédent, le premier lion véritablement français du Sénégal. On appellerait donc désormais le lionceau Personne, et non plus Kena. Yacine dit qu'il lui paraissait juste que le nom vienne de celui qui avait recueilli l'animal et de celui à qui on l'a offert. Pelletan rit beaucoup, encore une fois, et déclara qu'il était enchanté de trouver dans la bouche du jeune homme un trait d'esprit si diplomatique qu'il n'aurait pas déparé à la cour du roi, si les courtisans avaient été assez avisés pour admettre en leur sein des jeunes Noirs d'une sagesse au-dessus de leur âge. Pelletan demanda ensuite quel était le sexe de l'animal. Yacine n'y avait pas songé. C'était un mâle, apparemment.

Ainsi naquit le lion Personne.

8

C'était à vrai dire la deuxième fois que Yacine rencontrait le nouveau directeur. Pelletan ne s'en souvenait pas, et Yacine, qui se rappelait parfaitement leur première rencontre, par orgueil ne lui avait rien dit, car il n'aimait guère l'idée qu'un homme pour qui il allait travailler l'ait vu enfant dans son village. Pelletan avait en effet souhaité, dès son arrivée au Sénégal, inspecter les quelques comptoirs français dont il était censé administrer le commerce : il avait remonté le fleuve Sénégal jusqu'à Podor, où se trouvait un fortin en assez mauvais état qui était le dernier poste avancé des Blancs sur le fleuve ; il avait même souhaité pousser encore plus en amont sa navigation, mais ses guides, hostiles aux Toucouleur et aux autres peuples de l'intérieur, l'en avaient dissuadé. Ensuite il avait redescendu le Sénégal, puis effectué le voyage vers Dakar, par la côte, pour présenter ses lettres de créance au gouverneur de la région. Il s'était fait expliquer longuement les caractéristiques de l'île de Gorée, mouillage abrité dont dépendait la fortune de Dakar, et d'où partaient les navires chargés d'esclaves et de marchandises ; il était même descendu jusqu'en Casamance. On n'avait jamais vu directeur plus consciencieux.

Pelletan était donc passé, au début de sa tournée, par le village de Yacine, qui se situait à mi-chemin entre Podor et Saint-Louis. Le prêtre Jean lui avait fait les honneurs de sa Mission, l'avait présenté aux anciens. Pelletan était assurément le Blanc le plus important de la région ; le gouverneur du Sénégal, lui, résidait trop loin d'ici, dans l'île de Gorée dont il ne sortait jamais, craignant les miasmes des marécages et les fauves, et personne au village ne l'avait jamais vu, non plus que les prédécesseurs de Pelletan. Généralement ils envoyaient dans l'intérieur des contremaîtres, des émissaires à tout le moins autoritaires, le plus souvent brutaux. Mais Jean-Gabriel Pelletan n'était pas de cette trempe. Le prêtre Jean et lui avaient sympathisé. Pelletan avait promis d'investir dans l'exploitation de la gomme des acacias de la région, dont le prêtre espérait beaucoup. Ils avaient conversé longuement à propos des améliorations à apporter à l'agriculture, et Pelletan avait insisté sur le fait qu'il souhaitait voir à cette occasion se développer une élite locale : son aide financière, disait-il, était à ce prix. La Compagnie royale qu'il dirigeait était censée exploiter cette fameuse gomme arabique, et si le nouveau directeur avait demandé à rencontrer le conseil des anciens, c'était pour discuter de la meilleure façon de la récolter. Mais il avait scandalisé son propre entourage et une grande partie de son auditoire, en déclarant tout net aux anciens qu'il n'achèterait qu'à des hommes libres. Il ne voulait pas que sa gomme arabique soit récoltée par des esclaves et souillée de leur sang. Plusieurs anciens avaient baissé la tête, furieux, et avaient craché sur le sol. Ils avaient accoutumé de compter leur puissance en têtes de bétail et en nombre d'esclaves. Indifférent à leur colère, et peut-être ne l'ayant qu'à peine perçue, Pelletan poursuivit en précisant qu'il n'exigeait pas l'émancipation ou la vente des esclaves de case, car il souhaitait respecter les usages légués par la tradition ; cependant il interdisait qu'on en produisît de nouveaux. La Compagnie nouvelle, telle que lui, Pelletan, se la représentait, tirerait sa richesse du morfil, parce que les éléphants étaient légion, de la gomme arabique des acacias sans nombre, de l'or, même, que le fleuve charriait généreusement ; jamais elle ne s'avilirait dans le trafic des hommes. Le nouveau était un homme bien différent, décidément, et les anciens regrettèrent immédiatement l'heureux temps où l'honorable directeur ne remontait pas le fleuve, et les laissait mener leurs affaires comme ils l'entendaient.

Pelletan reparti, les anciens redoublèrent de rigueur envers leurs esclaves, et même en acquirent de nouveaux, horrifiés par cette loi inique, qui leur coûterait bien cher. Pour Yacine, que le prêtre Jean abreuvait d'auteurs romains, les choses devinrent parfaitement claires : sous leurs airs benoîts, les anciens, qu'il avait toujours haïs, exerçaient, sur le village, toutes les puissances de ce que l'on appelait, dans les textes qu'il apprenait à comprendre et à traduire, la dictature. Et quand le prêtre Jean lui avait signalé qu'il était envoyé auprès de ce Pelletan, il s'était secrètement réjoui de ce signe du sort, sans rien en laisser paraître. Car Yacine, qui ne croyait en rien, croyait à son destin, comme un enfant aux fées.

9

Yacine, qui s'était pourtant juré de ne rien dire aux hommes à moins qu'il n'y fût obligé, emporté par une sympathie spontanée, finit par raconter à Pelletan, assis derrière son grand bureau, qu'ils s'étaient déjà vus, qu'il était cet enfant sage qui suivait partout le prêtre Jean, et dont il avait distraitement caressé la tête. Pelletan reconnut qu'il n'en avait gardé aucun souvenir, mais il questionna beaucoup Yacine sur le village, montrant qu'il n'avait rien oublié de sa situation. Yacine ne lui cacha ni la colère des anciens, ni leurs agissements. Pelletan soupira, prit quelques notes, remercia son interlocuteur et lui confia d'un ton ferme, comme pour se conforter dans cette conviction, qu'il croyait en l'émancipation des hommes et en la libre entreprise.

Enfin Pelletan tint à montrer lui-même à Yacine l'endroit où désormais il dormirait, s'il en était d'accord : c'était donc cela, un lit. Le sien était fort simple, et se trouvait au bout d'un plancher à claire-voie, avec une dizaine d'autres répartis en deux rangées, juste au-dessus des étables : on y avait réuni les domestiques noirs qui travaillaient au siège de la Compagnie. En effet Pelletan, à son arrivée, avait signifié à son personnel blanc que les Noirs ne dormiraient plus par terre dans la cour, comme des bêtes. On avait ricané sous cape, en ville, de cette philanthropique naïveté. Pelletan y avait gagné immédiatement l'image d'un philosophe, ce qui le desservait auprès des notables, blancs ou noirs ; mais lui avait valu, au sein du petit peuple de Dakar, la réputation fort exagérée d'un libérateur des Noirs. Certes, Pelletan s'opposait à l'esclavage. Il n'était pas moins vrai qu'il entendait par là exploiter mieux les richesses du pays, en y faisant demeurer les bras que la vénalité des Blancs envoyait de l'autre côté de l'Atlantique cultiver, tailler et broyer des cannes, afin de satisfaire cette nouvelle folie de la France et de l'Europe qu'on appelait le sucre.

Pelletan fit également servir au jeune homme un repas dans les cuisines. Personne y avait été installé, comme un gros chat, sur un couffin élimé mais moelleux. On l'avait nourri de lait de vache et de quelques rogatons. Le lendemain, Yacine rencontra de nouveau le directeur, qui lui donna entre deux portes et sans témoin, une certaine somme en petites pièces, en lui recommandant de la disperser dans les poches de son nouvel habit, une livrée sobre à laquelle Yacine mit une semaine à s'habituer, parce qu'elle le frottait à la taille, à l'entrejambe, au cou. Pelletan n'avait pas besoin d'expliquer à Yacine ce que c'était que l'argent ; mais il estimait de son devoir de le prévenir des dangers qui, dans la ville, y étaient attachés. Il lui raconta donc comment, trois jours après son arrivée dans l'île de Saint-Louis, il avait donné en toute candeur un louis à un jeune serviteur dont il était content, malgré les mimiques réprobatrices de son intendant ; et qu'on avait découvert le soir même le malheureux, la tête fracassée, dans une ruelle voisine de la Compagnie, les poches retournées. L'intendant avait finalement retrouvé la pièce d'or dans la paillasse du mort et l'avait rapportée à Pelletan, sans un mot. Le nouveau directeur avait compris la leçon, et il gardait cette pièce dans son gilet, pour ne pas l'oublier.

Quelques semaines plus tard, Pelletan appela son nouvel employé dans son bureau, envoya ses deux secrétaires faire une course, ferma derrière eux les portes, et entreprit d'expliquer précisément à Yacine quelle mission semi-officieuse il entendait lui confier. Elle n'avait guère à voir avec les fonctions auxquelles le père Jean avait rêvé pour son protégé ; et Yacine mesura ici précisément ce qu'il avait toujours deviné : le prêtre, dans sa candeur, ignorait bien des choses. Il y avait donc dans Saint-Louis, comme plus au sud à Dakar, de riches dames qui étaient de sang mêlé et qu'on appelait des signares. Pelletan les avait évoquées en passant dès leur premier entretien. Elles étaient les descendantes des femmes noires que certains Blancs ambitieux et célibataires, poussés vers les rivages du Sénégal par quelque scandale, banqueroute, parentèle hostile, avaient au fil du temps épousées de la main gauche ; ces femmes noires étaient elles-mêmes des filles de noble extraction au sein de leurs tribus respectives, et si leur père les avait mariées à des notables blancs, c'était pour sceller des alliances commerciales, financières, politiques avec ces nouvelles puissances. Il en était sorti une étrange aristocratie locale, qui n'eût certes pas été acceptée et reçue en France dans les salons les plus modestes, les plus tolérants, les plus obscurs ; que là-bas, dans leur tribu d'origine, loin à l'intérieur du pays, on méprisait et jalousait avec une passion égale ; mais qui, sur l'île de Saint-Louis où elles vivaient, dans cette étrange cité entre deux eaux, entre deux mondes, avaient pu bâtir des fortunes, s'assurer une respectabilité importante, mener grand train. Les signares constituaient, tant pour les marchands européens que pour leurs homologues africains, des intermédiaires précieuses, indispensables, rompues à toutes les formes de négociation et à toutes les subtilités de l'économie.

L'usage s'était maintenu chez ces femmes aristocrates

de s'allier avec un Blanc en rapport avec leur fortune et leur rang. Or Pelletan avait refusé d'épouser Fany, qui était alors la plus riche et la plus puissante des signares de Saint-Louis ; et qui, de ce fait, lui était en quelque sorte destinée. Le gouverneur et les marchands de Dakar avaient, eux aussi, dans leurs grandes maisons blanches de l'île de Gorée, leur contingent de signares ; mais ils étaient trop loin de Saint-Louis pour y exercer leur influence directe. Ce refus de Pelletan n'était pas seulement dû, à vrai dire, au fait qu'il était marié, là-bas, à Marseille, à une femme de négociant – bien des Européens menaient ainsi de front double ménage. Lui était secrètement ravi d'être ici débarrassé de son épouse ; laquelle de son côté s'était trouvée fort soulagée quand elle avait compris que Pelletan ne lui demanderait pas de le suivre dans ce pays de sauvages et d'abandonner ses bals, sa partie de tric-trac, toute sa petite société de Marseille, tout le jeu vain et rassurant de ce qu'elle appelait avec un frémissement d'aise : le monde.

Pelletan avait de plus des raisons personnelles de ne pas s'unir à Fany, qu'il exposerait peut-être un jour à Yacine ; et des raisons politiques, qui importaient davantage : il n'entendait pas refuser d'un côté l'esclavage et de l'autre jouir des richesses que cette signare-là tirait essentiellement du commerce, qu'il abhorrait, du corps et de l'esprit de ses semblables.

Il ne se voyait pas tenir avec elle salon, ouvrir des bals en lui donnant le bras, tandis qu'à trente pas de là, dans sa captiverie, se morfondaient des esclaves enchaînés. Il avait donc reçu avec tous les égards dus à son rang la signare Fany. Il lui avait expliqué qu'il lui conserverait ses privilèges commerciaux, qu'elle le trouverait toujours disposé à pratiquer tous les commerces qui ne relevaient ni de la chair, ni du bétail humain ; qu'en somme Jean-Gabriel Pelletan lui fermait son lit, mais que les portes de la Compagnie lui étaient toujours ouvertes. L'honnêteté l'amenait à lui avouer qu'il avait à ce sujet une marotte – et il avait patiemment expliqué ce qu'il pensait de l'esclavage, de cette infraction au droit des gens et de la nature, de cet obstacle à la prospérité générale, de cette dégradation de l'humanité même. Ce faisant Pelletan avait commis une erreur. Il avait sous-estimé la portée de l'affront qu'il faisait à la signare Fany. Au fond elle se souciait assez peu de le mettre dans son lit, à titre personnel ; seulement elle comptait sur ce directeur-là pour lui donner le rejeton féminin assez pâle qui lui manquait pour perpétuer son rang et sa maison ; le prédécesseur de Pelletan, homme à tous égards mou, n'étant point parvenu à le lui fournir. Quant à la tirade sur les chaînes de l'esclavage, elle avait eu raison de sa patience. Fany l'avait écoutée sans rien laisser paraître, et s'en était allée furieuse, en ruminant des représailles.

C'était chez elle que Pelletan souhaitait placer son nouvel employé, avec les dix autres payés par la Compagnie mais détachés auprès de la dame pour l'amadouer, sur les conseils de l'intendant. Yacine devrait, maintenant qu'il s'était assez familiarisé, auprès des commis aux écritures de Pelletan, avec la comptabilité de la Compagnie, avec les prêts qu'elle consentait à divers entrepreneurs, seconder la signare Fany dans ses affaires ; mais il était aussi chargé de la surveiller, pour le compte de Pelletan, et de repérer d'éventuels coulages – car on soupçonnait la signare de n'être pas sur ce chapitre d'une scrupuleuse honnêteté ; enfin Pelletan pria Yacine d'observer du mieux qu'il pouvait comment la fortune de Fany était administrée et maintenue, afin de réfléchir aux moyens de l'amener à renoncer à l'esclavagisme, qui d'ores et déjà n'était plus la source principale de ses revenus, mais auquel elle restait attachée, en femme d'affaires respectueuse des traditions.

10

Au bout d'une dizaine de jours, on jugea que Yacine était prêt. La maison de la signare Fany était la plus monumentale de Saint-Louis et surpassait de loin en luxe celle du directeur. Pour s'y rendre, un lundi à l'aube, Yacine passa devant la captiverie, long bâtiment bas aux fenêtres armées de barreaux épais. Il retrouva, comme au premier jour de son arrivée, l'odeur atroce de l'esclavage. C'était quelque chose d'indéfinissable, qu'on aurait voulu n'avoir jamais connu, comme une essence de peur, de détresse et de solitude, des relents d'urine et de merde, de sueur aigrelette, des vapeurs mystérieuses et rancies : le parfum du malheur. Il était facile de la distinguer parmi tous les effluves de la ville, piment et banane mûre, gomme arabique et hibiscus. Il régnait également, autour de ce bâtiment, un silence étrange : à l'extérieur, les passants se taisaient et pressaient le pas ; aucun bruit ne montait des fenêtres derrière lesquelles Yacine savait pourtant qu'on parquait aussi des enfants ; et il n'aurait jamais pensé qu'il pût y avoir dans le monde un endroit où les enfants eux-mêmes ne faisaient aucun bruit.

Par comparaison la demeure de la signare, toujours fraîchement repeinte de coloris clairs, paraissait presque bruyante. On traversait en effet, pour se rendre dans les appartements de la maîtresse de maison, une vaste cour intérieure, peuplée des murmures d'eaux de vasques de marbre, du chant des oiseaux d'une grande volière de métal. Dans les couloirs hauts on croisait des aras en liberté dont on avait rogné les ailes. Puis on était introduit, à l'étage, dans un salon aux volets clos, rafraîchi par de savants courants d'air. Fany y avait reçu Yacine brièvement, mais avec beaucoup de cérémonies, comme on reçoit un présent diplomatique d'un genre particulier, susceptible de faire ensuite son rapport à celui qui l'offre. La signare parut d'abord bizarre au jeune homme : son visage était fin, mais lourdement maquillé, ce qui lui donnait un teint cuivré, même dans la pénombre. Elle avait de grandes lèvres, légèrement saillantes, une peau d'un noir presque bleu comme celles des femmes de l'intérieur, mais que Yacine trouva simplement surprenante, car il n'en avait jamais vu d'aussi près ; une coiffure incompréhensible pour ce jeune homme inexpérimenté, cheveux crépus près des oreilles, mais lissés et enroulés au fer chaud à la mode européenne, et dont il saisirait bientôt qu'elle constituait, chez cette femme intelligente, une façon de signaler une double allégeance, au monde des Blancs, à celui de sa tribu d'origine.

Au village Yacine n'avait jamais vu que des femmes pauvres, le ventre souvent déformé par les grossesses, la jambe et le bras sec, musculeux, les hanches tavelées de cicatrices blanchâtres. Cette femme-ci présentait un embonpoint formidable, sous une peau tendue et lisse comme celle d'un tambour. Ses doigts, ses ongles eux-mêmes semblaient élégants et prospères. Sa chemise de corps et sa robe étaient de coupe européenne, mais taillées dans des tissus à motifs africains. Deux esclaves l'éventaient, et deux hommes forts se tenaient à ses côtés, légèrement en retrait. Yacine les prit pour des guerriers, pour une sorte de garde rapprochée. Ils étaient en fait chargés d'aider la signare à se lever, quand elle le désirait : Fany en était incapable seule.

La maîtresse de maison parut splendide à Yacine, qui la contemplait bouche bée, sans trop écouter les quelques phrases qu'elle lui adressa à propos de ses nouvelles fonctions. L'intendant de la maison parut, et le reste de la semaine fut consacré à la formation du jeune homme. Le samedi, on lui fit savoir qu'il était convoqué par la signare, vers le coucher du soleil. Dans l'antichambre où il se présenta, deux servantes le dévêtirent entièrement, le lavèrent en gloussant, le peignèrent et le parfumèrent. On le poussa dans la pièce suivante : Fany s'y trouvait, couchée sur le côté dans un lit à baldaquin bas. Elle lui fit signe d'approcher, en souriant avec bienveillance. Elle aimait les hommes très jeunes, et les jouissances renouvelées qu'ils permettent. Yacine était vierge et chaste. Il crut s'évanouir en découvrant entre les cuisses de sa maîtresse les plaisirs de la chair. Elle aimait enseigner, il apprenait vite. Quand sa fougue juvénile l'eut satisfaite, elle se détourna de lui après lui avoir indiqué la chaise sur laquelle l'attendaient ses vêtements, lavés, empesés, repassés.

Elle-même ne tarda pas et s'affaira à sa toilette, aidée de ses eunuques. Elle devait recevoir dans l'heure qui suivait la visite d'un marchand de gomme, fils exilé d'une grande famille de négociants nantais, officiellement son amant. Yacine n'était pas encore rhabillé entièrement qu'elle l'oublia au point de s'asseoir sur sa chaise percée devant lui, et dans les odeurs majestueuses, presque luxueuses, qui envahissaient la pièce, Yacine eut l'impression de comprendre ce que c'était que d'être un chien, ou un esclave. Elle le congédia gentiment en lui donnant une pièce d'or. Un intendant le ramena à son bureau, où il ferma son encrier et rangea quelques papiers.

Pendant toute sa jeunesse, la signare Fany avait constitué une monnaie d'échange dans des tractations compliquées entre les hommes de son clan et toutes sortes d'alliés, d'amis, de relations commerciales de sa royale famille. Elle avait maintenant vingt-cinq ans. Le hasard, mais aussi et surtout son habileté commerciale, l'avait rendue maîtresse de son destin autant qu'elle pouvait l'être : elle n'entendait pas plus s'encombrer d'un mari, blanc ou noir, que d'un animal de compagnie.

11

Yacine se mit donc à tenir pour sa nouvelle patronne des livres de compte compliqués, où se mêlaient l'ivoire, les hommes et les fruits abondants et variés de la nature africaine. Il apprenait son métier. Quand il en avait le temps, il travaillait à concevoir et à réaliser, à l'imitation de l'un de ses héros, le mathématicien Pascal, une sorte de machine à convertir des quantités d'ordres différents, car il lui fallait tenir compte des monnaies diverses en usage dans toute l'Afrique occidentale, et qui fluctuaient subtilement d'un marché à l'autre, d'un marchand à l'autre, d'une marchandise à l'autre : l'or bien sûr, la vanille, des tiges de fer, parfois ces petits coquillages appelés cauris, qui étaient d'usage dans la tribu de Yacine.

Il attendait le dimanche, jour de repos imposé par Pelletan à tous ceux qui étaient sous son autorité, pour s'en retourner au siège de la Compagnie, où on lui avait gardé son lit au-dessus de l'étable ; quant au reste de la domesticité de la signare, leur labeur ne s'arrêtait jamais, ni la nuit, ni le dimanche. Yacine n'avait jamais songé à la différence entre le travail d'un homme libre et celui d'un serf. Il la comprenait ici. Au siège de la Compagnie, il courait saluer Pelletan, s'enfermait avec lui une petite heure, rapportait scrupuleusement à son maître les activités de la signare, guettant le moment où, l'esclavage devenu trop peu rentable, Pelletan pourrait faire à sa rivale une offre économiquement séduisante. Il envisageait en effet de lui céder de vastes plantations d'acacias, à condition qu'elle y affecte des hommes libres. Après avoir rapporté à son protecteur tout ce qu'il voulait savoir, Yacine avait quartier libre. Il s'en allait retrouver Personne, qui lui faisait fête. C'était maintenant un jeune fauve au poil lustré, aux flancs gras. Le reste du jour se passait dans l'étude du préfet apostolique Coste, qui se délectait d'initier un disciple aussi doué aux derniers développements des mathématiques européennes.

Un mois plus tard, il y eut une épidémie de variole et le jeune Yacine fut l'un des premiers à mourir. On était en décembre 1787. Pelletan le pleura beaucoup. Il écrivit au père Jean, mais ne reçut aucune réponse. On enterra sur son ordre l'orphelin dans l'unique cimetière de Saint-Louis, sous une croix qui portait le prénom de Baptiste, parce que le bedeau, soutenu par les prêtres, avait refusé d'inscrire un prénom arabe.

Durant quelque temps, Personne attendit son ami, précisément aux heures où il lui rendait visite. Il souffrit beaucoup de ne plus revoir celui qui lui faisait toujours fête, qui lui parlait à l'oreille de ses rêves d'Europe et de richesses, qui lui grattait le menton pendant des heures. Le lion gémissait, sans mots pour fixer sa douleur. Petit à petit, il finit par oublier complètement Yacine ; mais ce fut le dernier à le faire.

Et de nouveau le lion Personne se trouva seul au monde.

II

12

Derrière les hauts murs de la villa de Pelletan vivaient en liberté complète, en dehors d'un cheptel de ferme destiné à l'appoint de sa table, un couple de moutons enrubannés, quelques canards qu'un négociant de Tombouctou lui avait cédés en lui certifiant qu'ils venaient de la Chine, et qui crottaient tous ses fauteuils, une demi-douzaine de chiens et de chats, un mandrill, deux babouins, une vieille autruche presque aveugle, sauvée du couteau de l'écorcheur parce que Pelletan n'en avait jamais vu, et que la cécité lui paraissait la plus affreuse des infirmités. En dépit des protestations de ses personnels blanc et noir, unanimes sur ce seul point, Pelletan avait annoncé dès le premier jour que le lionceau nommé Personne serait soumis au même régime que le reste de sa ménagerie privée, et qu'il n'était donc question ni de l'encager, ni de l'entraver de quelque façon que ce fût. Au demeurant, la bête s'était toujours montrée paisible, même au plus fort de son chagrin d'avoir perdu Yacine.

Jean-Gabriel Pelletan était âgé de quarante ans. Il était arrivé en Afrique par hasard : sa banque de Marseille avait subi des avanies sans nombre et il avait fallu, pour qu'il échappe à la prison, la protection d'un duc qui s'était entiché de lui, et à qui l'unissait une amitié fervente ; ainsi que cet exil précipité. Il n'avait de sa vie songé à l'Afrique avant de s'y réfugier, et cependant, ainsi qu'il l'avait confié au défunt Yacine, il avait tout aimé ici, immédiatement, les longues pluies et les chaleurs extrêmes, les arbres à saucisses et les baobabs, les hautes silhouettes des sisals, la profusion bizarre des animaux et l'étonnante diversité des peuples, dont le port et la vêture lui paraissaient parfois déconcertants, mais toujours miraculeusement beaux.

Jusque-là, il avait été vaguement théiste ; maintenant, il lui semblait qu'un seul dieu ne suffisait pas pour expliquer la coexistence, sur la terre, de tant de mondes si différents : car il recueillait aussi, venus des Indes occidentales, mille récits singuliers dont il était friand, et dont les voyageurs de passage au mouillage de la baie, devant Saint-Louis, n'étaient pas avares. Chaque soir, et tard dans la nuit, le bonhomme Pelletan arrachait à son sommeil toutes les heures nécessaires à son grand œuvre, qui était un mémoire en faveur de l'abolition de l'esclavage. Pelletan rêvait d'une magnifique colonie agricole pour cette vaste et splendide partie de l'Afrique qu'on appelait le Sénégal. Il était de plus, et à raison, persuadé que cela ne serait possible que si l'on émancipait les fermiers noirs, en les intéressant aux résultats de cette audacieuse entreprise.

Il y avait un autre motif, moins avouable, à cette passion tardive pour l'Afrique. Jean-Gabriel Pelletan avait découvert là les corps sombres des hommes, la douceur de leur peau imberbe, le goût de leur sueur et de leur semence, et il n'en était toujours pas revenu. Cette passion n'avait éclos chez lui, sous cette forme charnelle, qu'en Afrique. Certes on avait déjà beaucoup médit sur son compte, dans les cercles cancaniers et bourgeois de Marseille, en lui reprochant un goût des jeunes gens qui excédait sans doute les bornes de l'amitié la plus vive, et qu'on ne passait guère qu'aux hommes assez bien nés, assurés de l'impunité pourvu qu'ils n'allassent pas s'afficher en sodomites aux yeux du public. Cette tolérance fragile était injustifiée. Car la rumeur publique de Marseille se trompait en un sens : Pelletan n'avait pas désiré un seul homme blanc de sa vie ; et simultanément la méchanceté des hommes disait vrai, car il n'avait jamais non plus éprouvé pour les dames les furies amoureuses dont ses pareils affectaient de sentir violemment les attaques, quand ils apercevaient à la messe une cheville ou un poignet savamment découverts. Pelletan n'était pas d'une de ces laideurs qui plaisent aux dames, parce qu'intéressantes, et flattent leur amour-propre en leur faisant croire que le physique n'est pas tout dans leurs passions. Il arrivait à Pelletan de sentir, pour peu qu'il s'examinât attentivement, qu'il ne ressemblait pas au commun des hommes, sur ce chapitre du cotillon. Mais il avait bien mesuré le risque d'être ainsi conformé, et ne s'était jamais aventuré, en France, à suborner quelque garçon de ferme ; il avait d'ailleurs la manie de vouloir mêler le sentiment à l'œuvre de chair. Il resta, de ce point de vue, d'une chasteté exemplaire.

Cependant lorsqu'il lut, en 1786, sur le navire qui le menait à Saint-Louis, la première partie des *Confessions* de Jean-Jacques Rousseau, il admira beaucoup cet homme, parce qu'il avait eu le courage de s'examiner dans le détail de ses goûts, y compris érotiques. Les siens étaient, certes, bien différents de ceux de Rousseau ; mais cela justement le conduisit à rentrer en lui-même. Ce qui le conforta surtout dans cette introspection, ce fut que Rousseau avait dû fuir son pays natal pour chercher la liberté, qu'il avait dédaigné une certaine aisance matérielle – le roi ne lui avait-il pas proposé une gratification, qu'il s'était refusé à aller quérir à Versailles ? – pour cultiver son indépendance, au grand dam de ses amis bourgeois de l'*Encyclopédie*. Il semblait à Jean-Gabriel que ce livre étrange des *Confessions* lui soufflait, à lui seul, et comme en confidence, que la société, bonne ou mauvaise, disposait d'un sens surnaturel pour repérer les êtres qui sont, en quelque sorte, traîtres à la vie sociale, renégats aux églises, aux coteries, aux groupes, aux courtisaneries de tous ordres ; qu'il importait de ne pas céder à ladite société, et de mentir aux autres s'il le fallait, pour ne pas se mentir à soi-même. En somme, Rousseau le confirma dans la décision de s'éloigner de la France, quand bien même ce fut après qu'il l'eut quittée.

Pelletan avait observé que de Lille à Perpignan les chevaliers de la manchette, dont il croyait assurément qu'il pourrait être, se reconnaissaient à des signes imperceptibles ; et que dès lors on s'exposait, dans ces amours-là, à se trouver moins souvent éconduit que dans les autres ; mais ceux qu'il avait reconnus, ici ou là, comme un membre de la confrérie lui avaient semblé fort peu ragoûtants, soit qu'ils déployassent une éloquence extraordinairement vulgaire où Pelletan apprit des mots, des expressions qu'il ne pensait pas pouvoir exister ; soit qu'ils donnassent dans un genre efféminé qui le heurtait, comme une inexactitude, se sentant, pour sa part, aussi viril que possible, y compris dans ce domaine. Il était resté, là encore, chaste.

13

Pelletan n'était pas moins étranger à la contradiction que quiconque : en dépit de sa lecture des *Confessions* et de ses aspirations à la vérité de son être, il estimait aussi que son passage en Afrique mettrait fin à tout cela : et pour tout dire il espérait même un peu que dans ces pays-là on ignorât ce vice-ci. Or le soir même de son arrivée, et par un hasard curieux, le domestique affecté à sa toilette, jeune Noir taciturne à la peau assez claire, un peu gras, qui peut-être avait remarqué le trouble où l'intimité avec un homme plaçait le nouveau directeur, l'avait enlacé sans cérémonie au pied de son lit, en lui passant sa chemise. Et ce geste même, par lequel il semblait à Pelletan que le serviteur risquait sa vie, l'avait conquis davantage, sans doute, que le membre durci qu'il avait senti contre sa cuisse – s'il avait de toujours rêver le commerce des hommes, il affectionnait les corps secs, les membres déliés, rattachant les courbes au corps féminin, dont la mollesse le rebutait un peu. Il s'abandonna néanmoins aux caresses du jeune homme, ce soir-là ; mais ne trouva pas l'envie de recommencer.

Il apparut que le domestique en question était l'esclave d'une signare sans scrupules, qui escomptait avoir ainsi un moyen de pression sur le nouveau directeur : une fois éconduit, mais assuré d'être embauché dans les cuisines du siège de la Compagnie, le jeune homme apprit à Pelletan qu'il prodiguait à son prédécesseur toutes sortes de caresses, qu'il proposa de détailler, tout en lui soutirant des informations pour sa maîtresse, et des largesses pour sa famille, restée au pays. Pelletan le racheta à la signare qui le possédait, et se crut arrivée à ses fins, mais sans dire ce qu'il comptait en faire. Il renvoya l'éphèbe libre dans son village, et suffisamment doté, afin qu'il puisse contracter un mariage solide, car l'homme, ainsi qu'il avait fini par l'avouer à Pelletan, se prêtait là à des caresses qu'il ne goûtait guère, et n'aspirait à rien tant qu'à faire souche. Cette générosité fit beaucoup jaser ; mais on loua surtout l'habileté du nouveau directeur, qui avait su se débarrasser d'un espion. Certains dirent même qu'il faudrait se méfier de lui, qu'il saurait gagner sa partie dans ces jeux inextricables de pouvoir et d'argent qu'on appelait Saint-Louis. Par ailleurs ce geste spontané à l'égard d'un domestique qu'on soupçonnait des pires turpitudes avec le précédent gouverneur eut un effet bénéfique : il innocenta définitivement Pelletan de tout soupçon de sodomie. Mais le plaisir violent qu'il avait éprouvé l'avait laissé frémissant comme une vierge heureuse de ses noces.

Durant la saison sèche, les nuits étaient fraîches à Saint-Louis. Les animaux en liberté se réfugiaient alors dans les écuries, dans les étables, près des vaches, des chevaux et des ânes, qui prodiguaient aux Noirs installés à l'étage, sur le plancher à claire-voie, une bienfaisante chaleur. Ceux-ci s'estimaient heureux car chez les autres notables blancs comme chez les signares, la valetaille dormait toujours dehors et ne jouissait guère, à la saison des pluies, que d'un abri incertain sous des auvents mal bâtis. Personne était là, lui aussi, en dessous des Noirs, au milieu des poules, entre l'autruche et les singes. On le nourrissait avec des bas morceaux de chèvre et, comme il ne manquait jamais de rien, il passait le plus clair de son temps à dormir. Il s'ennuyait aussi, car il n'était plus à l'âge où les jeunes fauves, alertes et curieux comme les enfants des hommes, s'amusent d'un rien, courent après un tourbillon de feuilles, essaient leurs griffes au tronc d'un fromager, croquent dans un vol de papillons bleus. Les Noirs avaient bien protesté quand Personne était venu de lui-même s'abriter avec les autres bêtes, à deux mètres sous eux. Ils ne croyaient guère à la domestication d'un monstre pareil, et plus d'un renonça d'abord au confort de l'étable. On sollicita le brave Pelletan pour chasser l'animal, mais en vain. Puis tous s'habituèrent, autant que cela leur était possible.

Pelletan était dans un moment de son existence où il trouvait le monde merveilleux, affable et bon, et ne pouvait imaginer qu'on fût d'un avis contraire. Il s'était épris d'un homme singulier, à la peau d'un noir profond, presque violet, qui se nommait Adal. Il était originaire d'un lointain désert au nord, avait grandi dans une tribu guerrière et nomade qui se déplaçait à dos de chameau, et pratiquait l'esclavage. Capturé dans une escarmouche par une tribu rivale et vendu comme prisonnier à un riche marchand de Saint-Louis, Adal lui-même n'avait rien trouvé à redire à sa nouvelle condition ; simplement il avait renoncé, poussé par un sens excessif de l'honneur, et par un prodigieux orgueil qui lui rendait intolérable sa défaite, à s'évader et à retourner auprès des siens, dès l'instant où il était parvenu à employer ses talents comme palefrenier chez son maître. Celui-ci le laissait même monter, et Adal n'avait pas de passion plus vive que les grandes cavalcades.

Adal aimait Pelletan comme Pelletan l'aimait, depuis qu'ils avaient fait connaissance en dehors de la ville, à cheval, dans la solitude des premières lueurs de l'aube. Le propriétaire d'Adal ne fit pas de difficultés pour le céder à Pelletan, qui l'émancipa immédiatement. Dès lors, chaque soir, le directeur, qui avait déclaré vouloir se passer de tout domestique pour la nuit, faisait entrer Adal dans sa petite chambre quand toute la Compagnie dormait. Il fermait à clef sa porte, se couchait entre les cuisses de son amant, posait sa bouche au creux de son ventre et, quand il y recueillait un foutre chaud et abondant, il était l'homme le plus heureux du monde. Pelletan nomma Adal responsable de l'écurie et des étables. Ce dernier avait trente ans et portait en permanence un couteau effilé au côté. Il ne semblait pas être de ceux qui ne sauraient jamais s'en servir, ou hésiteraient à le faire. Ses airs farouches suffisaient à imposer son autorité.

14

En janvier 1788, une paisible chienne braque, doyenne de la meute disparate de Pelletan, et sa favorite, mit bas, de façon tout à fait inattendue, deux petits chiots : l'un entièrement noir, l'autre tacheté de blanc sur l'œil, ainsi qu'à la pointe de la queue. On ne sut déterminer qui était le géniteur. Personne, qui côtoyait le braque dans l'étable, prit en affection ces deux chiots. Quand la mère devait s'absenter, il se couchait près d'eux, faisant très attention de ne pas les blesser, car il avait doublé de volume depuis son arrivée. Il arrondissait ses deux grosses pattes en manière de berceau ; les petits jouaient là tout à leur aise.

Quand elle revenait, la chienne chassait cette étrange nourrice sans ménagements, mais Personne ne lui témoignait aucune agressivité, s'en allant tête basse gîter un peu plus loin. Une nuit que tous les animaux de l'étable dormaient, Personne fut agité d'un cauchemar et s'éveilla brutalement. Sous la lumière bleutée de la lune, il distingua une petite forme sombre qui s'était apparemment avancée vers lui, mais semblait avoir trébuché et renoncé à parvenir à sa destination. C'était le chiot noir. Personne s'amusa à le pousser délicatement de la patte. C'était leur jeu favori. L'autre d'ordinaire répliquait en le mordant furieusement de ses canines inoffensives. Mais il ne bougeait plus. Il était mort. On servait à Personne de la viande dépecée. Aussi n'avait-il jamais été confronté à un cadavre. Il poussa encore un peu le petit corps, tandis qu'une indéfinissable tristesse l'envahissait. Il s'éloigna du petit tas, se rallongea à sa place habituelle, se réfugia dans un profond sommeil.

La chienne était si vieille qu'elle avait trop peu à donner à téter. Sur ordre de Pelletan on avait dû compléter l'alimentation de ses petits par des écuelles de lait de chèvre. Peut-être le chiot noir n'avait-il pas supporté ce régime. La mère parut un peu abattue, pendant quelques heures ; mais bientôt elle retrouva sa bonne humeur habituelle. Un domestique avait ramassé le cadavre et l'avait jeté dans un feu d'ordures, derrière les cuisines. Deux jours plus tard, il advint que la mère ne s'occupa plus du tout du survivant tacheté ; et même elle se mit à le repousser brutalement. Pelletan craignit pour la vie du chiot ; heureusement il était arrivé à l'âge où on pouvait commencer à le nourrir d'un peu de viande trempée de lait de chèvre, si on la lui hachait menu. Il prit ses quartiers entre les pattes de Personne, qui le laissait mordiller dans sa ration – on le nourrissait maintenant à grands renforts de gigots divers. Les domestiques, d'ailleurs, le haïssaient pour cela, disant qu'il était mieux traité et nourri qu'eux ; et ils avaient raison. Le chiot tacheté et Personne jouaient, dormaient, se promenaient ensemble, inséparables : le premier montrait un caractère fort espiègle, certain qu'ayant lancé à sa poursuite un gros chat, un poulet d'Inde gigantesque, ou même un domestique, il pouvait toujours se réfugier auprès du second pour échapper aux représailles : de fait, Personne gonflait scrupuleusement sa crinière et montrait complaisamment les crocs pour défendre son nouvel ami.

On rapporta des anecdotes, des incidents de cette touchante histoire au directeur, qui n'allait plus vers les communs pour ne pas qu'on devine ses amours, et parce que la vue de Personne l'emplissait depuis la mort de Yacine d'une certaine mélancolie. Un soir que l'intendant se plaignait justement que le jeune chien venait, le matin même, de dérober trois saucisses en cuisine, avant de se réfugier sous Personne et les déguster à son aise, Pelletan éclata de rire, annonça qu'il désirait se voir présenter ce nouvel Hercule qui, comme l'illustre demi-dieu, avait cueilli des pommes d'or au jardin des Hespérides. Personne et son chiot lui firent fête. Pelletan décida que le nom d'Hercule resterait au corniaud. N'avait-il pas, de plus, montré, comme son homonyme, une vigueur miraculeusement précoce ? Ne voyait-on pas qu'il ne craignait pas plus ce monstre léonin qui maintenant terrorisait les hommes, à mesure que croissait sa crinière, que s'alourdissaient ses pattes, que son homonyme n'avait tremblé devant le lion de Némée ? De ce moment Pelletan passa chaque fois qu'il en avait l'occasion saluer le couple, donner à Hercule, qui répondait admirablement à son nom, quelque friandise nouvelle.

Il n'y eut bientôt plus de limites à la hardiesse du chien, qui semblait se savoir assuré de l'impunité, protégé qu'il était par ses deux puissants amis. Il lui arriva même, un jour, de mordre l'oreille de Personne jusqu'au sang. Personne ne broncha pas d'abord. Puis il retroussa ses babines et poussa seulement un bref rugissement. Hercule ne recommença jamais.

À mesure que les jours passaient, le cercle autour de ce couple étrange s'élargissait ; Hercule et Personne dormaient à part désormais, sous un auvent désaffecté au fond de la cour, d'où l'on pouvait observer toute l'activité des lieux, et que personne ne s'avisa de leur disputer. Personne croisait ses énormes pattes, l'autre venait poser sa tête au creux de cet édredon bien chaud. Parfois, Personne rêvait, et souvent de la même chose : l'un de ses semblables s'éloignait de lui, sa mère peut-être. Elle était partie chasser pour lui. Elle ne revenait pas. Il se réveillait en gémissant. Hercule jappait doucement, lui léchait la joue, et Personne oubliait son rêve, jusqu'à la prochaine fois, comme nous les oublions.

15

Pelletan n'avait jamais aimé chasser. Il vieillissait et bientôt monter à cheval lui devint pénible. Il se mit à la promenade, un volume de Rousseau en poche. Il partait au hasard à grands pas. Il herborisait un peu, il dessinait parfois. Au cours de ses sorties, il avait découvert son paradis : une étroite bande de sable qui séparait le fleuve Sénégal de l'océan, à l'ouest de Saint-Louis. On s'y rendait en quelques minutes, à la force des rames, dans une grande barque nommée *La Curieuse*. Les Noirs ne fréquentaient pas davantage que les Européens ces parages désolés, battus par les embruns de l'Atlantique, et où ne poussait aucun arbre digne de ce nom. Pelletan marchait là, le nez au vent, les mains derrière le dos ; Adal tenait dignement son ombrelle. Ils emmenaient avec eux Hercule et Personne, qui obéissaient à l'appel de leur nom quand il le fallait absolument, mais pour le reste batifolaient, s'amusaient à poursuivre des cormorans, à sauter dans les vagues, à dénicher les pélicans. Souvent Pelletan et Adal se couchaient dans un creux de dune et là, soustraits au regard des hommes et à leurs lois ineptes, ils s'embrassaient, se caressaient, s'endormaient après avoir joui l'un de l'autre. Quand ils rouvraient les yeux, ils regardaient passer des nuages. Pelletan lisait un peu. Adal avait un arc. Il s'exerçait contre les mouettes. Puis ils rappelaient leurs deux bêtes fidèles. Elles accouraient, poisseuses de sable et de sel. On s'en retournait, dans l'incendie splendide du soleil couchant.

Le caractère de Personne changea. Il était parvenu à l'âge où la fureur génésique s'empare de ses pareils, dans la savane ; mais il se trouvait pour sa part privé de la compagnie femelle qui eût pu lui permettre de l'assouvir. Il éprouvait des tristesses subites, des agacements inattendus. Il n'était plus un lionceau et joua moins avec Hercule, qui de son côté ne se départait pas de son caractère jovial, mais s'était éloigné de la prime enfance de son espèce. Peu à peu, chassé de l'étable par l'hostilité muette de tous, enveloppé, dans les cours, par l'une de ces animosités mijotées, si l'on peut dire, à feu doux, Personne, qui n'y comprenait rien, mais qui sentait les choses, en vint à passer tout son temps auprès de Pelletan. Il se couchait dans le bureau avec Hercule, aux pieds du directeur, qui y travaillait toute la matinée. Il y demeurait l'après-midi, et Pelletan s'amusait beaucoup des mines effarées de ses visiteurs. Le directeur avait fait installer dans son bureau le grand tapis peignant les exploits d'Ulysse que Personne avait jadis compissé et, sans se lasser, il contait l'anecdote à ses hôtes. Ceux qui étaient européens ne disaient rien parce que Jean-Gabriel Pelletan était, tout de même, le directeur général de la Compagnie du Sénégal ; mais quand ils ressortaient de son bureau les enfants, effrayés par la peur de leurs parents, se cachaient dans les jupes de leur mère, et les hommes raisonnables soupiraient, secouaient la tête, murmuraient des vérités premières sur la sauvagerie des bêtes, lançaient des prédictions sinistres et ruminaient des pétitions qu'ils n'écriraient jamais.

En fin d'après-midi, les deux inséparables suivaient Pelletan dans ses tournées d'inspection. Il lui fallait tantôt surveiller la bonne marche d'une briqueterie, tantôt la conception puis l'installation d'un atelier de cardage. D'autres fois, il devait s'interposer comme un juge de paix entre des chefs de tribu, entre deux marchands rivaux, régler un conflit de places sur le marché aux poissons, arbitrer un litige entre le droit coutumier et les titres de propriété des Blancs. Dans les villages où Pelletan s'aventurait en visite avec son lion et son chien, les anciens finissaient toujours par expliquer doctement au directeur qu'un tel fauve n'oublie jamais ce qu'il est ; et qu'il peut aussi bien dévorer des gigots que des bêtes sur pied, telles que des antilopes et des hommes. Puis ils réclamaient des chiques de tabac, des houes, des briquets, un fusil.

Une fois toutes les deux semaines, Pelletan sortait en mer. Des pêcheurs engagés pour l'occasion faisaient passer la barre à une flottille de chaloupes colorées et, posté à la limite des eaux profondes, Pelletan supervisait le chargement de la précieuse gomme arabique sur les navires venus de Dakar, veillait à ce qu'on assure l'arrimage des caisses, à ce qu'on perfectionne l'agencement des ballots, pour gagner de la place. Ces jours-là, Hercule et Personne attendaient sur leur tapis mythologique le retour de leur ami, lui faisant fête quand il paraissait, la barbe et les cheveux crissant de sel, souvent découragé par l'inertie des autres, qui semblaient, Blancs et Noirs, ne guère se soucier d'assurer à cette terre, et à la Compagnie, une prospérité accrue. Quand il leur arrivait de sortir ensemble durant le jour, aussitôt dans les rues le vide se faisait autour d'eux, comme il se faisait dans la bonne société de Saint-Louis autour de ce directeur excentrique, toujours flanqué de son impassible domestique, noir comme l'encre la plus noire, que les dames trouvaient inquiétant et les messieurs sournois, de son lion gras comme un moine, et de ce corniaud ridicule qu'on n'osait pas moquer, et qui mordait les mollets de ceux qui ne lui plaisaient pas.

Parfois Personne était saisi d'une envie de traquer à la course quelque animal, de mordre dans une chair vive. Alors il baissait ses oreilles, il gonflait sa crinière, il se ramassait pour bondir, et dans ces moments-là Hercule lui-même se gardait de l'approcher ; parfois, la nuit, le lion rêvait confusément, et dans ces rêves il y avait des bribes de chasse et de vitesse, des bonds prodigieux, le plaisir extatique du sang frais. Personne s'éveillait en sueur, affolé, le souffle court, le poil hérissé ; Hercule gémissait doucement, lui administrait quelques affectueux coups de langue. Le lion se rendormait.

16

Le second grand amour de Pelletan, qui avait été le premier, au temps où il n'avait pas même l'idée de l'existence d'Adal, de son corps gracile et de ses mines farouches, se prénommait Marie. C'était sa fille. On lui avait certes conseillé de partir afin d'échapper à la prison pour dettes ; mais du point de vue de Pelletan son exil africain avait un but infiniment plus important, et dont il ne parlait jamais : assurer à sa fille unique une dot suffisante pour lui laisser le choix d'un mari. L'idée de soustraire dès que possible une enfant vive et réfléchie, indifférente aux rubans et aux jeux mignards censés être tout le monde de son sexe, à l'influence de sa sotte de mère, n'avait pas été étrangère à la décision de la faire venir au Sénégal, dès qu'il l'avait pu. Il avait écrit en ce sens à sa femme, prénommée Adélaïde, aux parents de sa femme, à son confesseur même, et avec succès. Tous ces gens se souciaient assez peu de la petite. Ils avaient toujours rêvé d'un héritier mâle, et désespéraient d'en obtenir jamais un. Ils maudissaient ce mariage parce qu'il n'avait pas été du rapport souhaité, et la petite Marie incarnait à leurs yeux ce désolant échec. Dans ce pays de Sauvages où le père avait été cacher sa honte, lui et sa fille mourraient peut-être, dévorés par les fièvres ou croqués par des nègres. On les pleurerait. On blâmerait l'inconscience du défunt. On se remarierait, sans doute.

Dans l'immédiat, Adélaïde Pelletan se réjouissait secrètement que cette progéniture, preuve vivante de son âge, disparaisse de son horizon. La petite Marie traversa donc la France avec une servante, parvint en Bretagne en moins de vingt jours, gagnant le port de l'Orient où elle s'embarqua, seule, et sous la responsabilité du commandant, sur un navire de la Compagnie ; quelques semaines plus tard, elle se trouvait dans les bras de son père. Elle avait sept ans, il ne l'avait pas revue depuis cinq années et quinze jours, au moment où on l'avait placée en nourrice à la campagne, pour lui éviter les pestes malignes qui régulièrement menaçaient Marseille. Pendant trois jours Saint-Louis commenta cette nouvelle stupéfiante : le directeur avait une fille, et elle avait déjà sept ans.

Marie s'empara entièrement de Personne et ce, dès le premier instant de leur rencontre. Elle en fit sa poupée, peignant parfois sa crinière en arrière, pour lui faire des tresses, parfois lui posant de grosses papillotes, afin de le friser. Elle l'épuçait également une fois la semaine, avec le dévouement d'une mère. Marie sentait le frais, la guimauve et l'enfance : les narines de Personne frémissaient à son approche.

Un jour Personne s'en vint la trouver dans sa chambre, gémissant et boitant bas. Elle avait alors retiré de sa patte une longue épine de sisal. Ensuite, elle avait surveillé pendant des jours l'orifice minuscule de la plaie, parce que son père lui avait révélé qu'il y avait là un risque d'infection. Le lion guérit. Marie s'en attribua tout le mérite, et ne l'en aima que davantage. Il lui arrivait aussi de mettre une selle sur le dos de son compagnon, de le monter dans l'arrière-cour comme un poulain ; et Personne se laissait faire. Hercule était presque jaloux.

17

Cependant, il advint que le fils du commandant de la garnison, en visite auprès du directeur, et trompant la surveillance de sa nourrice, s'en fut traîner ses culottes du côté des cuisines devant lesquelles Personne rongeait avec application son os, car on était mercredi, jour de rôtisserie. Le maître-cuisinier de Pelletan veillait toujours à garder le ventre de la bête féroce plein, croyant ainsi pouvoir échapper à sa griffe inexorable. C'était un Parisien couard qui ne connaissait rien aux fauves. Quand Personne humait l'odeur des grands feux dans la cour des cuisines, il s'en venait de ce côté, et recevait immanquablement son écot. Ce jour-là, par extraordinaire, Hercule n'était pas près de lui à chipoter des lambeaux de viande rouge sur l'os de son ami. Le chien finissait de nettoyer une lèchefrite encore tiède, abandonnée par un marmiton près de la grande cheminée : on le recevait là comme le favori d'un prince redouté.

Or donc le fils du commandant de la garnison qui était, comme son père, un être insouciant et cruel, se mit en tête, le voyant si bénin en sa cour, d'agacer ce lion. Il avait commencé par quelques coups du plat de la main, plutôt timides. Personne les avait ignorés. Le gamin allait sur ses sept ans, et il s'était accoutumé à malmener la domesticité noire de sa mère, quand il en avait l'occasion, ayant appris qu'en les poussant à bout il déclenchait parfois leur colère, et pouvait alors les faire punir par le commandant, son père. Il s'enhardit à porter quelques coups de poing, pareillement méprisés. Alors le garnement saisit la crinière de Personne et la tira si violemment qu'il lui resta quelques poils blonds dans les mains. Puis il lui administra des coups de pied dans les cuisses et les flancs, sans obtenir de réaction satisfaisante. Il s'obstina. Personne se contenta de s'écarter d'un bond de ce moucheron malveillant. Mais le moutard revint à la charge et lui tordit violemment une oreille, précisément celle qui, depuis trois jours, lui causait les plus vives douleurs, car il avait subi à cet endroit sensible la morsure d'une scolopendre venimeuse, au milieu de la nuit.

Personne avait toujours été d'un naturel paisible ; il avait même renoncé à rugir, ayant observé les frayeurs qu'il causait à son entourage, ce faisant ; il savait mesurer sa force, habitué aux agaceries d'Hercule et de Marie. Mais ce coup-là lui causa une souffrance intense. Surpris autant qu'irrité par cette attaque, il repoussa délicatement l'importun, d'un léger revers de patte. Personne pesait désormais six cents livres. Monsieur le fils du commandant de la garnison, qui ne pesait pas grand-chose, s'en alla rouler à cinq mètres de là, et sa tête donna dans une racine du grand manguier de la seconde cour. Maintenant il ne bougeait plus. Inquiet, Personne émit un feulement étranglé. Hercule, accouru à son secours, eut beau se précipiter vers l'enfant pour lui japper à l'oreille, il eut beau lui lécher le visage et lui gratter le ventre, il n'obtint aucune réaction de sa part. Il se précipita vers le bureau de Pelletan, y fit irruption en aboyant. Le directeur se creusait justement la cervelle pour trouver comment éconduire le commandant et madame son épouse, laquelle voulait pour sa nièce obtenir à bas prix un terrain sur la rive gauche du fleuve, tandis que Pelletan avait le projet d'y établir, pour le compte de la Compagnie, et sur des plans anglais qu'il avait achetés au Havre, une filature mécanique dotée des derniers perfectionnements. Le ton commençait de monter entre eux quand Hercule les interrompit providentiellement, ramena dans la cour un Pelletan trop heureux de le suivre, le tirant par une basque de son habit, tandis que les solliciteurs, agacés, lui emboîtaient le pas.

Madame la commandante s'était précipitée sur l'enfant en pleurant, en hurlant, en invoquant son dieu et la protection de la Sainte Vierge ; le commandant, en homme habitué aux champs de bataille, commença par gifler énergiquement le garçonnet. Il apparut rapidement qu'il s'était simplement évanoui de peur. Il n'avait rien, sinon un genou couronné, une longue estafilade au front et une immense blessure d'amour-propre. Il se mit aussitôt à réclamer la mort du coupable. Il écumait. Mais enfin il était sauf, et Pelletan présenta des excuses d'autant plus bruyantes qu'il était bien persuadé que ce petit fat avait mérité sa leçon ; insensible à son ironie, ses parents quittèrent le directeur fort en colère ; et sans avoir obtenu leur terrain à construire. Le soir même, qui était pour eux jour de réception, le commandant avait clamé qu'il écrirait au gouverneur un mémoire détaillant l'accident, et n'avait pas caché qu'il y demanderait la tête du fauve indomptable que toute la ville craignait, et à juste titre ; la mère montrait les blessures occasionnées à son cher ange par le monstre cruel. De fait, l'incident déclencha un grand émoi dans la petite société blanche de Saint-Louis ; les mères de famille surtout trouvaient inadmissible qu'une bête aussi dangereuse soit ainsi mise en contact avec leurs enfants ; qu'elle ait pu dormir avec les nègres sur un lit véritable, comme on le disait en ville, cela passait encore, puisqu'ils étaient eux-mêmes des sortes d'animaux. Mais pour le reste, il convenait d'agir.

En moins de dix jours, la rumeur des salons affirma que le lion du directeur avait déjà dévoré plusieurs enfants dont on n'avait jamais retrouvé le moindre reste, ce qui en disait long ; parmi les Noirs, il se murmurait qu'Adal, que les Sénégalais de la ville haïssaient parce qu'il n'était pas des leurs, qu'il venait des déserts du Nord, qu'il les méprisait entièrement, ne souriait pas sans cesse comme les plus serviles d'entre eux avaient appris à le faire, parce qu'en somme il était à sa manière libre, et qu'eux ne l'étaient pas, il se murmurait, donc, que cet Adal était un sorcier dangereux, et son complice, le lion, un démon déguisé. Ainsi Personne devint-il, en quelques jours, l'idole païenne autour de laquelle se cristallisaient toutes les haines, tous les ressentiments rancis des habitants de la ville.

18

Un soir, Personne, qui avait dormi tout le jour, abruti par l'une de ces chaleurs tellement écrasantes qu'elle lui avait coupé la faim, ne mangea par exception qu'un seul côté de son gigot vespéral. Quelques minutes plus tard, il se trouva saisi d'une fièvre intense, tandis que d'amères nausées lui brûlaient l'œsophage. En une heure, il était parvenu aux portes de la mort. L'intoxication était ou bien trop, ou bien pas assez forte, et Personne ne mourut pas ; le vieux chat noir et pelé de la maisonnée qui, profitant de la faiblesse du fauve, lui avait dérobé en passant un beau morceau de viande, eut moins de chance : il tomba mort à vingt pas de son forfait. Pelletan exigea de son médecin qu'il l'autopsie, et l'on trouva dans l'estomac de la pauvre bête une traînée de poudre blanchâtre que le savant docteur identifia comme arsenicale.

Alors Jean-Gabriel Pelletan comprit qu'il ne pourrait plus garder fort longtemps à ses côtés le pauvre

Personne sans exposer la vie de l'animal, peut-être également la sienne, ou même, et il frémit d'horreur à cette pensée, celle de Marie. Il avait jadis, en maître prévoyant, souvent pensé à ce qui arriverait lorsque Personne, parvenu à l'âge où le sang se fait impérieux, et le prurit de se reproduire irrésistible, se trouverait comme égaré dans la cour de cette grosse bâtisse sénégalaise que seuls les hobereaux du coin insistaient pour nommer le palais du directeur, privé de compagnie femelle, de chasses sanglantes et de descendance. Pelletan avait souvent vu, dans les haras de son beau-père, en Provence, des étalons mordre inopinément leurs semblables et leurs palefreniers, et même un jour l'un d'entre eux piétiner un poulain, parce que l'absence d'exutoire au bouillonnement de leur sang les rendait fou. Il avait vu Personne atteindre cet âge-là ; et la détresse de l'animal lui avait fendu le cœur. Il sentait venir le moment où la bête affolée, égarée dans la société des hommes, deviendrait pour elle-même et pour les autres un danger véritable.

Pelletan laissa passer quelques jours. Puis il fit savoir qu'il avait interprété ce lâche attentat contre la vie du lion comme une malveillance à l'endroit de sa personne, et au-delà, de la Compagnie du Sénégal tout entière, espérant ainsi inquiéter tous les bourgeois mercantiles de Saint-Louis, et les réduire au silence. Mais Pelletan, qui était fort versé dans la science de l'administration des biens, ne l'était pas dans l'art subtil de la diplomatie. Sa manœuvre eut pour effet de déclencher une avalanche de lettres à destination du siège bordelais de la Compagnie. Quelques-unes étaient signées, la plupart restaient anonymes, mais toutes se montrèrent extrêmement circonstanciées : le présent directeur de la Compagnie était un excentrique qui prétendait apprendre le wolof et en rédiger une grammaire, qui recevait dans son propre appartement des griots dont il notait patiemment les récits cosmogoniques ; qui pensait, disaient-ils, comme un nègre ; quelques-uns de ces courageux auteurs, qui peut-être ne savaient même pas qu'ils approchaient, d'une certaine façon, de la vérité, donnaient des précisions obscènes quant à la façon dont le nègre Adal avait pu corrompre Jean-Gabriel Pelletan de Camplong. Certes, on ne lui connaissait aucune maîtresse : pour autant, l'affront à la signare Fany restait dans toutes les mémoires, et on écrivait l'avoir vu, à plusieurs reprises, dans le bordel le plus infâme de la ville, adonné aux plus ordurières débauches qui se puissent imaginer, et pour le prouver on fournissait un luxe de détails presque surprenant. Le Pelletan s'isolait de plus pendant des journées entières à l'écart de la ville pour conférer avec un nègre dont on ne savait rien, et qui certainement l'avait poussé vers ce projet d'émancipation de ses frères noirs qui ferait tant mal aux équilibres commerciaux de la région. D'ailleurs il se murmurait que Jean-Gabriel Pelletan mettait la dernière main à un mémoire séditieux contre la traite des esclaves, dont les vues chimériques inquiétaient les meilleurs esprits.

En somme Pelletan était seul. Il l'avait toujours été. Il avait un peu plus de quarante ans, et cette vérité première venait tout juste de l'atteindre. Adal était égal à lui-même : il ne comprenait pas qu'un jour de marché Pelletan ne descende pas sur les quais pour défier en combat singulier un ou deux notables et les égorger, ainsi que toute leur famille, réaffirmant ainsi son autorité sur la ville. Il montrait à l'égard de Saint-Louis et de ses habitants, au fond, la méfiance inépuisable d'un homme habitué à survivre de rien dans de vastes déserts ; et pour qui les aménagements émollients du monde des Blancs, qu'il s'agisse de citernes d'eau, de greniers à blé, de jardins ou de conversation mondaine, étaient le fruit de leur lamentable sédentarité, dont il s'estimait lui-même, d'ailleurs, la victime indirecte : car il s'était, après tout, pris de passion ici pour un homme mûr, et non de garçonnets comme il était d'usage parmi les siens, et n'imaginait pas de le quitter jamais. Pelletan savait donc qu'il ne trouverait pas en Adal, qui sans hésiter se serait fait tuer pour lui, l'oreille compatissante dont il avait tant besoin en ce moment de son existence. Quant à sa fille, Marie, qui le ravissait chaque jour de ses mots d'enfant et de sa joliesse, elle était trop jeune pour entendre cette vérité sur la société des hommes, faisant de surcroît partie de ces heureuses natures qui ne la perçoivent pas : la bêtise humaine est d'une prodigieuse étendue ; sa plasticité est inépuisable. Pelletan n'avait guère envie de salir l'esprit de sa fille en l'entraînant dans ces bas-fonds. Il savait également trop bien que, pour peu qu'on ait l'âme bien faite, on ne s'y habitue jamais ; aussi confiait-il doucement, de temps à temps, à l'oreille d'Hercule, à celle de Personne, ses inquiétudes d'homme. Et, tandis qu'il leur expliquait quels nuages s'amoncelaient sur leurs têtes, les deux bêtes s'endormaient, bercées par cette voix chantante qui leur était un charme, et presque un pays.

19

Lorsqu'elle apprit la tentative d'empoisonnement de son plus fidèle ami, Marie tomba des nues. Elle exigea qu'on trouve les coupables de cet acte barbare, qu'on les juge, qu'on les fouette en place publique, qu'on les déporte enfin. Elle croyait avoir de bonnes raisons de penser que le coupable était l'un de ces gros hommes, négociant d'ivoire, d'or ou de billes de bois d'ébène, qui le soir, à la table de son père, lui glissait des allusions à son fils à marier, tout en lorgnant son plat corsage et en s'indignant, *in petto*, que la chère de la table directoriale ne fût digne ni de son rang, ni du leur.

Quand son père lui déclara qu'il pouvait aisément dresser, s'agissant de ce méprisable forfait, une liste d'une bonne centaine de suspects, qu'en somme il ne pouvait punir personne parce qu'il aurait fallu châtier tout le monde, et qu'il s'agissait plutôt, maintenant, de se séparer de Personne si l'on voulait lui sauver la vie, Marie crut mourir. Mais on ne meurt pas pour un lion. Alors elle tempêta, puis elle pleura beaucoup, puis elle sécha ses larmes, et finit par admettre qu'en voulant conserver auprès d'elle son ami à crinière, elle le condamnait à une mort atroce et certaine. Elle finit donc par se faire à l'idée qu'on le reconduirait dans la savane. Mais Pelletan lui remontra que Personne n'était plus véritablement un animal sauvage ; qu'il ne l'avait même jamais été ; et que, si l'on songeait que l'enfance est chez ces fauves le seul âge de douceur, celle de Personne, ayant été singulièrement tragique, n'avait commencé que dans les bras de ce pauvre Yacine ; pas davantage, d'ailleurs, Personne n'était-il un chat domestique plus gros que les autres, qu'on pouvait abriter dans son giron ou consigner dans sa panière en attendant des jours meilleurs. Pelletan n'osait pas dire à sa fille qu'il ne voyait guère d'autre solution que de l'endormir pour toujours en farcissant un gigot de grains d'opium, et que ce sommeil éternel était désormais ce qu'on pouvait lui souhaiter de mieux ; mais il savait que lui-même n'aurait pas le cœur d'accomplir cette bonne action. Car Pelletan avait beau se raisonner, se répéter que Personne après tout n'était qu'un animal, l'affection qui s'était développée entre eux durant ces quelques mois, l'amitié fervente qui unissait Personne à Hercule, son caractère singulier, à la fois débonnaire et mélancolique, et jusqu'à ses grands yeux jaunes pailletés de noir, tout rendait cet assassinat de clémence simplement impossible.

Mais la ville bouillonnait toujours de malveillances, et Pelletan céda enfin au harcèlement de ces concitoyens et aux supplications de sa fille, qui craignait chaque jour, désormais, pour la vie de Personne. Aveuglé par son chagrin, et en dépit de tout bon sens, il ordonna qu'on renvoyât Personne vers la savane de sa jeunesse. Adal fut chargé, à la tête de quelques serviteurs, de faire entrer le lion dans une énorme malle d'osier, de l'emmener sur un chariot loin de la ville et de remonter le long du fleuve dans cet équipage, avant de s'enfoncer vers l'intérieur des terres. Ainsi fut fait. Hercule était du voyage, et à vrai dire ce fut lui qui le rendit possible : Personne l'aurait suivi aux enfers. Adal revint à vide, et fort content : de tempérament jaloux, il n'avait jamais aimé cette bête.

Un mois plus tard, Personne était là, sur le perron de la seule maison qu'il eût jamais connue, presque méconnaissable de saleté et de maigreur. Il portait au flanc une blessure profonde. Marie la soigna en pleurant de honte. Hercule, toujours à ses côtés, couvert de griffures et de tiques, avait une oreille fendue, et qui le resta. Il boitait très bas du train arrière, et tenait à peine sur ses pattes. Il fallut le forcer à manger peu pendant des jours afin qu'il ne meure pas d'un trop soudain excès de nourriture.

Si les lions parlaient, nous ne pourrions pas les comprendre. Ou du moins pas davantage que nous ne comprenons les hommes. Il faut dire pourtant ce qui s'était passé. Fort avant dans une savane sans hommes, on avait sorti Personne de sa cage. On l'avait attaché au tronc d'un fromager, assez solidement pour qu'il ne puisse pas suivre ses bourreaux dans leur retraite, et retrouver le chemin de Saint-Louis ; mais assez lâchement pour qu'il puisse, au prix de quelques efforts, et avec l'aide d'Hercule, défaire ses entraves. Les contreforts du tronc étaient couverts d'épines, et Personne, qui n'avait jamais de sa vie approché un tel arbre, se piqua une dizaine de fois sur tout un flanc, à peine les hommes étaient-ils partis. Hercule couinait de rage impuissante. Il s'essaya sans grand succès à ronger les liens de son ami. Épuisés, ils s'endormirent. La rosée détendit un peu les liens et Personne se libéra enfin, exactement à ce moment magique où le bord inférieur du disque solaire écarlate touche l'horizon, et semble y flotter, comme une balle de baudruche incandescente.

Ils s'élancèrent dans la direction où les hommes avaient disparu, mais l'un ni l'autre ne savait repérer une piste à l'odorat. Très vite ils en furent réduits à naviguer à vue, suivant les traces laissées par le convoi dans la poussière. Mais bientôt il leur apparut que les roues du chariot n'avaient laissé aucun signe de son passage sur la grande étendue sèche d'herbe rase où ils étaient parvenus ; plus loin un troupeau de gnous avait piétiné le sol, et bien vite ils se trouvèrent devant un marigot qu'ils ne reconnaissaient pas. Ils étaient maintenant privés du moindre signe de ces hommes qui avaient été, au fond, jusqu'à présent, leur monde familier, l'horizon rassurant de leur existence. Ils dormirent tout le jour, fourbus et affamés, à l'ombre d'un buisson. Une procession de fourmis urticantes les réveilla.

La nuit tombait. Une demi-lune ennuagée éclairait à demi, désormais, un paysage non seulement étranger, mais hostile. L'air était empli de vrombissements inconnus, d'appels incompréhensibles. Parfois un éclat de lumière frappait une paire d'yeux, qui disparaissait aussitôt, et les deux amis sursautaient. Devant eux, les eaux noires du marigot étaient parcourues d'ondulations menaçantes. Ils s'éloignèrent. Ils parvinrent à proximité d'un bosquet qui abritait d'immenses animaux tachetés, au cou très long. Ils s'enfuirent en galopant bizarrement, bien que Personne se fût avancé vers eux en remuant la queue, en prenant son air le plus bénin – il avait appris cela de son compère Hercule. Plus loin ils faillirent être piétinés par les mouvements de colère d'animaux gigantesques qu'ils avaient dérangés dans leur sommeil, et dont le mugissement prolongé et atroce les fit détaler à toute vitesse.

À l'aube, Personne aperçut pour la première fois de sa vie adulte un couple de ses semblables, affairés sur une carcasse de gnou qu'ils avaient traînée sur une légère éminence pelée. Il s'approcha d'eux en trottinant, effrayé et curieux. Il sentait l'homme, la ville, la faiblesse et la peur. La femelle lui montra ses crocs ensanglantés quand il fut à deux pas d'eux. Personne se rapprocha encore. Et, alors qu'il s'apprêtait à mordre dans le cuisseau de la bête, le mâle lui donna un grand coup de patte dans l'oreille droite, et le mordit au cou sans refermer sa mâchoire, pour lui donner un avertissement. Personne s'enfuit, Hercule sur ses talons.

Il n'y avait pas deux jours qu'ils se trouvaient dans la nature, et Personne avait déjà souffert, physiquement, deux fois ; la surprise, la peur, la faim aiguisaient ses douleurs. Il devint méfiant, sursautait à tout propos. Un peu plus loin, un peu plus tard, il se présenta devant des hyènes affairées à gratter, à l'intérieur de la dépouille largement décomposée d'un phacochère, des lambeaux de viande noircie et des restes d'intestins. Les hyènes s'enfuirent. Ni Personne ni Hercule ne purent se faire à cette infâme pitance et ils vomirent leur bile, le ventre creux. Ils croisèrent également des zèbres. L'instinct de Personne le poussa à l'attaque, et il crut bien faire en choisissant le plus petit du troupeau, qui se tenait à peine sur ses pattes. La mère de ce poulain faillit le tuer d'une ruade vigoureuse et, quand il reprit connaissance, il n'y avait plus auprès de lui que le fidèle Hercule, qui léchait délicatement l'énorme bosse qui enflait sur son front. La harde des zèbres avait disparu. On était aux heures les plus chaudes, et la savane avait retrouvé un calme relatif. Ils ne reconnaissaient plus rien. Ils étaient définitivement perdus.

Ils survécurent pourtant. Il leur fallut se faire aux charognes, et même aux restes de charogne. Personne découvrit qu'il pouvait briser les os des carcasses pour qu'Hercule en suce la moelle. Ils furent souvent réduits à croquer des insectes morts, à mâcher des herbes tendres, pour tromper la faim. Ils n'accédaient aux points d'eau qu'après toutes les espèces, et devaient se désaltérer dans d'infâmes bouillons marron, souillés de crottes et de poils. Quelques jours plus tard, ils avançaient la tête basse quand ils s'aperçurent qu'ils se trouvaient sur une étroite bande de sable, entre deux larges étendues d'eau, ou plutôt entre l'immensité bleutée de l'océan et les eaux beiges du fleuve Sénégal. Et soudain la joie les envahit : ils étaient revenus là où, naguère encore, le bon Pelletan les menait promener. Ils se laissèrent guider par leurs pattes pour regagner l'endroit du fleuve où ils abordaient en barque ; on était heureusement à la saison sèche, et le Sénégal avait atteint son étiage : ils le traversèrent d'île en île, ayant à peine besoin de nager ; et ils reprirent pied à la nuit tombante dans un faubourg africain de Saint-Louis. Ils avaient failli mourir dix fois. Ils avaient appris ce que c'est que la peur, et la prudence. Cachés sous une berge, ils attendirent la nuit complète, heureusement sans lune, pour se glisser dans les rues du faubourg, puis dans la ville des Blancs. Aussi ne croisèrent-ils pas âme qui vive. Pelletan les trouva au travers de sa porte, juste avant l'aube. Il en pleura de joie.

20

Alors Pelletan se fit cette réflexion qu'il y avait sur terre deux âmes plus solitaires que la sienne, puisqu'Hercule et Personne, en dépit de leur destinée singulière, de leur insolite amitié – ou fallait-il dire, en raison de cela ? – n'appartenaient désormais plus à aucune société. Ces deux êtres si rares ne devaient-ils pas être protégés non seulement de la méchanceté des hommes, mais aussi de la férocité des animaux sauvages, de la peur des animaux domestiques, de leur propre inadaptation, en somme, à quelque monde que ce soit ? Il comprit également que lui, Pelletan, avait contribué à aggraver la situation où se trouvait Personne, et par une coupable sensiblerie, et par le vain orgueil de posséder un lion. Il s'en voulait beaucoup. Il avait beau savoir que cela ne servait à rien, il regrettait amèrement de n'avoir pas songé immédiatement à installer Yacine sur une terre à acacias près de la ville, où le jeune homme aurait pu développer ses talents d'administrateur, et vivre avec son lion une existence à la fois sociable et recluse. Mais Yacine était mort. Il ne restait donc qu'une solution au directeur.

Pelletan entretenait une correspondance sporadique avec un illustre savant de Paris, directeur du Jardin royal, qui était aussi quelque chose dans la Ménagerie royale de Versailles. Il se nommait Buffon. Pelletan avait reçu du secrétaire de ce grand homme des lettres de remerciement, pour lui avoir envoyé quelques mémoires sur la faune africaine, des contingents de peaux, de squelettes, ainsi que certains spécimens préservés dans de l'alcool : un rat palmiste, une vipère cornue, un ver blanc qu'on n'avait jamais répertorié auparavant. Il avait résolu de proposer le lion Personne à la Ménagerie royale, par l'intermédiaire de ce puissant correspondant.

La Ménagerie royale de Versailles avait été fameuse dans l'Europe entière, et Pelletan lui-même l'avait visitée dans sa prime jeunesse. Son père, qui était à la fois le meilleur des hommes et le commerçant avisé qui fournissait le roi en nougats et autres confiseries, amandes émondées, tiges d'angélique confites, abricots de Provence, comme avant lui son père, avait voulu montrer Versailles au petit Jean-Gabriel, afin qu'il comprenne que le bonheur d'un homme n'était pas dans cette bauge grouillante de porcs qui ne songeaient qu'à parvenir et à bâfrer ; et dont la saleté embaumait à des lieues à la ronde, pour peu que le vent se mît de la partie ; ce qu'alors on appelait la cour, nom poli pour un bourbier nauséabond. Pelletan père avait gardé de ses ascendants réformés, comme on voit, une certaine défiance à l'égard des ors et des munificences de Sa Majesté Très-Catholique ; mais il en réservait sagement la confidence à sa progéniture.

Le palais lui-même n'avait guère impressionné le petit Jean-Gabriel, parce qu'il n'avait en ce domaine aucunement le sens du beau : la façade lui parut monotone, les canaux trop grands, les dorures lassantes. Mais il avait gardé des bâtiments de la Ménagerie un souvenir excellent et double : d'abord l'endroit lui avait semblé luxueux, et il s'en était réjoui, ayant toujours eu le souci de la façon dont on traitait les bêtes, ce que son père, qui était d'un autre temps, lui reprochait comme une sollicitude mal placée. Ensuite parce que sa mère, qui l'avait accompagné dans les Jardins pendant que Pelletan père tâchait d'avancer ses affaires auprès des sous-intendants royaux, et qui était une femme ne manquant ni d'esprit ni de droiture, lui avait fait remarquer qu'à la cour les paons étaient encore mieux logés que les courtisans. L'enfant avait ri, ravi du rapprochement – les deux communiaient depuis toujours dans un amour fervent pour les fables de La Fontaine.

Se raccrochant à ce souvenir d'enfance, Pelletan,

après avoir pesé et soupesé toutes les données de la situation de Personne, estima que l'animal serait là-bas mieux traité qu'en sa terre natale ; il s'en ouvrit à Marie, qui se rendit, le cœur lourd, à ses arguments. Pelletan écrivit à son savant correspondant. Mais Buffon, lassé des intrigues de ses confrères parisiens obnubilés par les gratifications, les sinécures et les honneurs, venait malheureusement de se retirer sur ses terres de Montbard, entre Auxerre et Dijon. Il prit cependant la peine de rediriger obligeamment la requête de Pelletan vers son successeur au Jardin royal de Paris ; lequel répondit aussitôt que l'idée de lui fournir un lion était excellente.

Pelletan chercha pour Personne un mode de transport adéquat. Un ci-devant directeur de la Compagnie des Indes orientales et de la Chine qui avait démissionné de son poste à Pondichéry, remontait justement, à bord du *Centaure*, les côtes africaines. Il devait bientôt faire escale à Saint-Louis, après avoir contourné le cap de Bonne-Espérance et franchi l'Équateur. Le *Centaure* était, certes, une flûte, c'est-à-dire un vaisseau à coque ventrue spécialement conçu pour le transport de marchandises et de passagers ; mais l'espace libre s'y négociait au prix de l'or, parce que le directeur démissionnaire avait bourré jusqu'à la gueule les cales de marchandises qu'il comptait bien revendre pour son profit en France. Il avait également encombré son pont de vivres, de volailles vivantes et de bétail sur pied, afin de fournir au maître queux des provisions de bouche pour l'équipage sans doute, et pour lui-même surtout, car il avait le palais fort délicat. Pendant la semaine que dura l'escale du *Centaure* à Saint-Louis, le capitaine de la flûte, le directeur et Pelletan parlementèrent âprement, et ce dernier dut puiser largement dans sa cassette personnelle afin que son confrère fasse un peu de place à ses protégés.

Le capitaine, quant à lui, exigeait, moitié par appât du gain, moitié sous la pression de son équipage breton, que le fauve fût enfermé dans une cage dont il offrait de superviser la fabrication ; et qu'à l'intérieur même de cette cage il se trouvât serré dans un collier de métal doublé de cuir, lui-même relié à de fortes chaînes scellées dans les poutres de la carène du navire. On construisit la cage, on forgea des fers spéciaux pour le redoutable Personne. Pelletan obtint en retour du capitaine qu'une fois la semaine, à la nuit tombée, Personne et son compagnon Hercule (car il n'était pas question, naturellement, de séparer les inséparables) seraient menés à l'air libre. Pelletan accorda au cuisinier, qu'il prit soin de rencontrer en personne, une large gratification ; il paya également les chèvres et les poulets supplémentaires destinés aux repas du lion et du chien. Mais il fallait encore dégager dans les cales une place suffisante pour ces passagers inattendus. Pelletan se trouva donc l'heureux acquéreur d'un bon millier de vases chinois illustrés de gravures galantes et françaises, dont il n'avait que faire, mais qui pendant plusieurs années de suite devinrent l'objet d'un engouement très vif au sein de diverses peuplades de l'intérieur du Sénégal, qui les troquaient contre de l'ivoire, des ballots de fibre de sisal, des bois précieux.

21

Quand tout fut enfin prêt, il fallut que Marie lui passe le collier de métal autour du cou pour que Personne tolère cet infâme moyen de contention, comme il ne consentit à se laisser traîner à bord, puis à fond de cale, que pour suivre Hercule, qu'on y avait attiré par des caresses et un festin d'abats et de petits gâteaux. Pelletan referma sur eux la porte de la cage. Hercule était assez fluet pour aller et venir entre les barreaux, mais il demeura aux côtés du lion. La cage était solidement arrimée contre une paroi de la cale, et Pelletan se rassura : elle était assez grande tout de même pour que les deux amis y respirent à leur aise, mais également assez étroite pour que Personne ne se blesse pas, en allant donner de la tête contre les barreaux, qu'on avait aussi soigneusement matelassés, en prévision des jours de tempête.

Un soir de mai 1788, à la faveur de la marée descendante, le vaisseau de la Compagnie des Indes s'arracha à son mouillage, longea la pointe de cette langue de Barbarie où Hercule et Personne avaient si souvent joué, et d'où Pelletan et Marie les regardèrent passer, les yeux rougis et gonflés. Enfin, le navire disparut au large.

Le *Centaure* avait à peine déployé sa pleine voilure que son capitaine, qui aimait ses aises, commanda qu'on descende dans la cale du lion et de son roquet toutes sortes de tonneaux, de cages à volailles et de viandes salées. Puis on referma la trappe au-dessus d'eux : les volailles cessèrent enfin leur vacarme affolé, l'obscurité se fit, la chaleur commença de monter. Personne, accablé, s'endormit. À son réveil, il s'aperçut qu'Hercule n'était plus dans la cale.

Bientôt le roulis, la chaleur, les relents de vin aigre, de saumure et de fientes le rendirent malade. Il vomit. Le cuisinier avait chargé l'un de ses marmitons, un Ceylanais taciturne, de s'occuper du lion ; quand le petit homme découvrit les vomissures, le premier soir, de sa cravache de chanvre il frappa Personne à coups redoublés, tout en lui adressant dans sa langue de véhémentes injures. De toute la traversée, il ne prit jamais la peine de le faire monter une seule fois sur le pont. Chaque jour il jetait de la sciure sur les déjections de la bête, et c'était là tout son ménage : rapidement d'innommables vermines couvrirent le sol de la cale. Certaines entraient dans la truffe de

Personne pendant son sommeil, lui causaient d'affreuses démangeaisons qu'il ne pouvait gratter. Il éternuait du sang. Il y avait déjà six jours que Personne se morfondait quand il sentit une petite langue râpeuse lui frotter familièrement la joue : c'était Hercule qui l'avait retrouvé dans le labyrinthe du ventre du vaisseau. On l'avait attrapé par la peau du cou juste après le départ, et traîné sur le pont. Il avait passé la première semaine de navigation au mât de misaine, privé de nourriture, gratifié seulement d'une écuelle d'eau vers midi. Sentant sous ses pattes, comme une trahison, le sol se dérober au gré du tangage et du roulis, il avait d'abord hurlé à la mort, sevré brutalement de la présence de son seul ami. Il se serait vite enroué si des matelots exaspérés ne l'avaient pas invité au silence à coups de sabots et de ceinturon : il s'était sagement tu. Il avait commencé de ronger sa laisse, mais le Ceylanais – c'était son idée, il en était très fier – l'avait libéré avant qu'il ne parvienne à ses fins. Hercule, affamé, ferait la chasse aux rats et aux mulots. Ce serait autant de vivres épargnés – et ce fut effectivement en poursuivant le chat du capitaine, qui lui avait dérobé l'arrière-train d'une souris grise, qu'Hercule retrouva Personne, dans les entrailles surchauffées et puantes du *Centaure*.

Leur périple dura trois semaines à longues et mornes étapes. À la fin le marmiton ne leur descendait plus que de petits os à ronger, ainsi que d'infâmes rogatons dont le chat n'avait pas voulu ; il avait également remplacé le baquet à eau, pour s'épargner de la peine, par un vieux plat de terre. L'eau stagnante y était affreuse, pestilentielle et croupie. Pendant une semaine elle se trouva grouillante de vers immondes : impossible de ne pas en avaler en se désaltérant. Hercule chassait toujours sa provende, revenait dès qu'il le pouvait auprès de son compagnon d'infortune, lui ramenant un mulot tout frais, un reste de rat. Ils s'allongeaient côte à côte pour dormir, séparés par les barreaux. De tout son voyage Personne ne vit ni le jour, ni la nuit ; il n'aperçut ni Gibraltar ni les côtes d'Espagne, ni l'embouchure large du Tage, ni les blanches façades des maisons de Lisbonne ; il manqua également les cieux étoilés du golfe de Gascogne, et les côtes douces et grises de la France.

Le sol sous leurs pattes continuait de se mouvoir mystérieusement, incessamment, et si Personne avait appris à ne plus vomir, les nausées ne relâchaient que rarement leur prise sur sa gorge et sur son estomac. Il maigrissait, il perdit ses poils, ses muscles fondirent. Heureusement, il n'y eut pas de tempête pendant leur sombre odyssée ; dans les cages autour d'eux, jour après jour, les volailles disparaissaient. On ne les revoyait plus. Dans la cale, le silence grandissait ; bientôt on n'entendit plus que le clapotis des tonneaux mis en bonde, les gémissements sourds et puissants de la carcasse du navire. Un après-midi qu'ils somnolaient, épuisés et maussades, il se fit au-dessus de leur tête un grand tumulte. La coque de la flûte autour d'eux mugissait, craquait sourdement, et d'incompréhensibles embardées la jetèrent à droite puis à gauche. Le *Centaure* enfin heurta brusquement un obstacle, et s'immobilisa. Puis il y eut beaucoup de cris humains, un tumulte de pas au-dessus de leur tête, des bruits indistincts, des grincements aigres de poulies, des cliquetis.

Soudain les yeux de Personne le firent affreusement souffrir, et il pleura d'abondance. On avait non seulement ouvert la petite trappe au-dessus d'eux, mais aussi décloué de nombreuses planches des ponts supérieurs, et la lumière du jour pénétrait à flots dans la cale, en même temps qu'un air humide, salé et froid ; quand les portefaix eurent fini de décharger les ballots de marchandises de la Compagnie des Indes et de la Chine, ainsi que celles de l'ancien directeur, le petit homme de Ceylan fit descendre quelques manœuvres par une échelle, et dirigea, accroupi près du palan dressé à cet effet, les opérations de débarquement de la cage sur le quai du bassin du Roy. Il s'estima dès lors dégagé de toute obligation à cet égard, et s'en fut dépenser sa solde dans un café du port, qui faisait aussi bordel.

L'ancien directeur monta dans la voiture qui devait l'emmener vers sa maison de campagne, du côté de Vendôme. Le reste de l'équipage s'égailla dans la ville. Il était prévu que le *Centaure* repartirait à vide en direction du port de l'Orient, où se trouvaient les chantiers navals de la Compagnie des Indes et de la Chine. Là-bas, on le démantèlerait. La flûte avait fait son temps.

22

À la fin du mois de mai 1788, donc, le navire de l'ex-directeur de la Compagnie était parvenu à bon port, au Havre de Grâce, en Normandie. Il y avait longtemps que les arrivées de marchands en provenance de l'Inde ou de la Chine ne faisaient plus sensation qu'auprès d'une poignée de désœuvrés. Et ce fut, de fait, dans une indifférence quasi générale, que le *Centaure* finit sa dernière course dans le bassin du Roy. Les Havrais avaient alors d'autres soucis en tête. Dans toute la ville il n'était question que du temps qu'il faisait. Il se trouvait exceptionnellement mauvais pour la saison, au point de menacer toutes les récoltes à venir, faisant craindre aux uns les famines, aux autres les émeutes qui s'ensuivraient fatalement.

Pour Hercule et pour Personne, le choc fut terrible. Ils toussèrent et crachèrent tout ce froid humide et intense qui leur piquait la truffe et leur raclait l'intérieur des poumons. Ils étaient parvenus au dernier degré de la faiblesse. Leurs pattes les portaient à peine, et les pierres glacées du quai leur semblèrent aussi hostiles que le métal refroidi des barreaux. Autour de la cage hissée jusque sur le quai principal, un petit attroupement se forma, à une distance respectable, mais qui ne devait rien à la révérence des Havrais pour le spectacle insolite d'un lion et d'un chien encagés : on trouvait que les deux animaux puaient extrêmement. Quelques enfants dépenaillés ouvraient tout de même de grands yeux, des vieillards improvisaient des explications, et des femmes se bouchaient le nez.

Des garnements un peu plus âgés, ayant enfin compris que le monstre venu d'Afrique ne pouvait pas s'échapper, crachèrent à la face de Personne, lui jetèrent des cailloux, des trognons de chou avariés, des immondices. Ceux dont le cœur se serrait de pitié s'en allèrent. Des marins vinrent faire les matamores au bras de femmes de mauvaise vie. Elles feignaient complaisamment la terreur, en se frottant contre leur client. Au milieu de toute cette agitation, des bouffées d'odeurs étranges, nouvelles, frappaient parfois les deux prisonniers. Hercule, né à Saint-Louis, ne connaissait pas mieux l'Europe que son compagnon, et ne savait donc pas mieux les identifier que lui ; elles les enivraient et tout à la fois leur donnaient des commencements de nausées.

Les plus méchants eux-mêmes se lassaient, car le

lion était décidément en trop mauvais point. Il ne tenait pas debout, et ses poumons sifflaient comme un soufflet de forge crevé. Le pauvre n'avait en somme pas grand-chose de léonin à cet instant ; et d'ailleurs il s'était mis à pleuvoir. Les badauds aiment par-dessus tout leur confort. Le quai resta désert. La capitainerie du port, prévenue, dépêcha l'un de ses employés pour surveiller la cage, ce qui eut pour effet immédiat de former un nouvel attroupement, constitué, cette fois-ci, de portefaix désœuvrés qui espéraient vaguement qu'on les engagerait pour déplacer la cage.

Enfin un homme jeune, à la mise modeste mais digne, se présenta au vieux marin de garde. Il était mandaté par la Ménagerie du roi, et payé par l'expéditeur de ces animaux, pour convoyer le lion Personne et le chien Hercule jusqu'à Versailles. Il se nommait Dubois. Il avait été le factotum de Buffon au Jardin du roi à Paris, et il avait reçu naguère une longue lettre de Pelletan, emplie de conseils et de recommandations, assortie d'une large gratification sous forme de lettre de change. Profitant de la première pause dans le discours du Parisien, le vieux marin le félicita vivement de sa célérité, lui soutira un pourboire et courut se mettre au chaud dans une taverne du bout du quai qui servait, à son goût, un rhum admirable.

Le jeune homme ambitionnait de devenir un jour naturaliste, et, confiant dans les indications de Pelletan, bien qu'il fût parfaitement terrifié, il trouva le courage d'ouvrir la cage du lion, ce qui eut pour effet de vider en quelques secondes cette partie du quai, tandis qu'Hercule, surmontant son épuisement, s'efforçait de faire fête à ce nouvel arrivant qui lui semblait bienveillant, en lui mordillant faiblement le mollet. Le brave Dubois serra les dents, s'avança vers le lion, ne s'évanouit pas. Personne quant à lui ne levait pas même la tête, et demeurait prostré. Dubois songeait à le tirer dehors par son collier quand il s'aperçut que le cuir, craquelé et moisi, avait entaillé et infecté la chair de la bête. Il tira de son havresac un quartier de viande enveloppé dans un tissu, et invita par gestes le lion à sortir de la cage par lui-même. Personne s'enhardit, fit quelques pas en titubant, car le sol du port lui aussi tanguait dangereusement. Ses coussinets sanguinolents le faisaient souffrir, et il avait perdu le plus clair de ses forces. Il glissa piteusement, se retrouva assis de guingois sur son arrière-train. Alors Dubois tira de sa poche un canif, et découpa des lambeaux de viande dont il nourrit Hercule et Personne, en leur caressant la tête. Puis il se hasarda à découper délicatement le collier de Personne, et sans réfléchir à leur utilité jeta ses chaînes dans l'eau noire du bassin. Puis il nettoya comme il put les plaies de la bête.

Pendant tout ce temps il ne cessa de parler à ses nouveaux protégés, rougissant légèrement de l'absurdité qu'il y avait à monologuer devant de tels êtres ; mais un savant illustre qu'il avait côtoyé au Jardin lui avait appris que la voix du soigneur ou du gardien peut être un calmant et un baume pour un animal privé de liberté ; qu'il avait bien assez de sensibilité pour mesurer cette perte ; et pour apprécier le son d'une voix, ses intonations bienveillantes. Le jeune homme apprit donc à ses compagnons qu'il se nommait Jean Dubois, qu'il était né au cœur de Paris, et qu'il n'y avait pas grand-chose à savoir de lui sinon qu'il avait toujours aimé étudier la nature. Il dit encore qu'il serait préférable, dans un avenir proche, qu'il passât au col de Personne un harnais qu'il ferait fabriquer à cet effet ; lequel serait moins destiné, d'ailleurs, à retenir le fauve qu'à faire croire aux hommes qu'il n'était à tout prendre qu'une sorte de gros chat que lui, Dubois, était capable de maîtriser ; qu'il ne fallait surtout point paraître menaçant, pour ne pas risquer de mauvais coups. Qu'il devait se montrer, au moins en public, d'une docilité sans faille, sans quoi il faudrait les encager de nouveau, ce qui n'était assurément pas agréable, ni bon pour leur santé. Ainsi Jean Dubois, qui parlait pour ne pas mourir de peur, caressa-t-il de mots, pendant une heure entière, comme s'ils pouvaient les comprendre, un lion famélique et un chien pelé. Mais ces deux-là avaient appris à reconnaître la douceur des hommes, et c'était la première fois qu'on s'adressait à eux sans hurler depuis leur départ du Sénégal. Le tremblement léger de cette voix nouvelle, qui était tout ce qu'ils percevaient de ses discours interminables, gagna à Jean Dubois leur confiance éternelle. Ils le suivirent sans difficulté dans les rues noires du Havre.

III

23

Les autorités de la Ménagerie de Versailles, à qui Dubois avait écrit pour prendre des instructions, n'avaient pas fixé de terme précis pour leur arrivée. Jean décréta donc que ses protégés observeraient un mois de convalescence et de repos. Un échevin lui loua au nord de la ville, sur le plateau de Sainte-Adresse, une petite maison qui avait, jadis, été une retraite pour un vieux notaire, et servi naguère à diverses débauches organisées par la jeunesse du Havre. Dans l'arrière-cour, l'épouse du premier propriétaire avait aménagé une sorte de jardin d'hiver vitré où vivotaient quelques plantes méridionales. Il y faisait heureusement un peu plus chaud qu'ailleurs. Ce jardin ne figurait pas mal, aux yeux de Jean Dubois, une savane africaine. Au demeurant, il en pensait à son aise : il n'y avait jamais mis le pied, et la botanique l'indifférait. Il parvint même à gagner quelque argent en montrant aux notables de la ville le nouvel arrivant et son fidèle ami. Quand Dubois introduisait des visiteurs, Personne poussait avec complaisance un rugissement qui se voulait inquiétant, Hercule jappait et jouait sur le dos du terrible fauve, lui ébouriffait la crinière, lui mordillait la queue. Les visiteurs se récriaient d'étonnement, philosophaient sur cette fidélité en amitié dont le secret s'est perdu parmi les hommes, sur les leçons qu'il conviendrait, en certains points, de recevoir des bêtes. Puis ils retournaient à leurs affaires et oubliaient tout cela. Hercule les raccompagnait jusqu'à la porte, avec Dubois. Personne se rendormait jusqu'au prochain chaland. Il avait perdu quelques dents du fond, toute lumière un peu vive lui blessait les yeux ; mais son poil avait retrouvé son lustre, et ses blessures cicatrisaient. Jean Dubois tenait un compte scrupuleux de leurs bénéfices, réservant le pécule octroyé par Pelletan à quelque nécessité imprévue.

Les habitants du royaume de France espéraient que l'été serait clément. L'été s'avança, et il n'en fut rien. Bien au contraire, il semblait que les intempéries se fussent installées pour toujours. Les vitres de la serre se couvrirent de mousses vertes, et les plantes du jardin d'hiver finirent par mourir. Dubois se fit confectionner un habit discret, pourvu de poches secrètes dans lesquelles il répartit leur argent et fit les préparatifs de départ. Quand ils redescendirent au début du mois de juillet vers Le Havre de Grâce, flanqués de deux sergents de ville armés, dépêchés par l'échevin de la ville, ils se trouvèrent environnés, mais à distance prudente, d'une foule méfiante. Et Jean Dubois, qui avait en sa prime jeunesse dévoré tous les romans de chevalerie du vieux temps dans un poussiéreux cabinet de lecture du quartier Saint-Merri, où il avait grandi, se fit l'impression d'être le chevalier déguisé de la légende, flanqué de son lion fidèle ; quant à Hercule, petit, mais loyal et vaillant, il faisait un écuyer tout à fait acceptable.

Les curieux leur firent une haie jusqu'à la sortie de la ville ; puis l'assistance se clairsema peu à peu, les sergents filèrent, soulagés ; et enfin ils furent seuls, tous les trois, dans la froidure de cet été étrange, avançant avec peine sous cette pluie battante et glacée. Ils remontaient lentement le cours méandreux de la Seine. Ce n'était certes pas le trajet le plus court, mais Dubois avait préféré à la grand-route le chemin de halage, peu fréquenté, d'où l'on pouvait sauter à couvert et gagner les coteaux, en cas de besoin. Les risques de mauvaises rencontres, toujours possibles sur la grand-route, étaient aggravés par les commencements d'une disette sévère.

Parfois, quand le jour tombait, Dubois laissait ses compagnons à l'abri d'un bosquet, et s'avançait seul vers une ferme. Il faisait front à tout, avec la patience de celui qui a charge d'âmes : les hurlements des chiens, les questionnements infinis des paysans, les négociations interminables pour avoir le droit de dormir, peut-être, dans une étable vide, dans une grange désaffectée, dans un fossé, même. Il lui fallait montrer, quoi qu'il en eût, son talisman : le sauf-conduit muni du sceau royal que lui avait procuré son vieux maître Buffon faisait presque toujours son effet. Alors on les laissait dormir dans un bout de ferme en ruine, non sans avoir forcé le béjaune à acheter la pire carne du cheptel, celle dont n'avait pas voulu l'équarisseur lui-même, ainsi que quelques poulets étiques et des œufs sans âge. Dubois marchandait âprement : il ne voulait pas qu'on lui coupe la gorge dans son sommeil, en le prenant pour un richard.

Il n'est pas de tout repos de nourrir un lion et un chien. Personne n'avait jamais tué une bête de sa vie, et le voyage en mer semblait l'avoir rendu plus délicat encore. Il avait toujours eu peur des lapins, et il ne pouvait voir une poule vivante sans témoigner la plus vive répugnance. D'ailleurs les plumes le faisaient éternuer. Hercule partageait cette phobie des oiseaux, qu'il poussait jusqu'à ne pouvoir en manger. Aussi Jean Dubois, qui avait grandi à Paris et s'était attiré, pendant toute sa jeunesse, les quolibets de ses semblables, parce qu'il s'évanouissait à la seule vue du sang, et faisait de grands détours pour ne pas côtoyer les étals de boucherie, terrains de jeux de tous les enfants de son quartier, Jean Dubois, qui manquait également défaillir à chaque dissection organisée au Jardin royal, se mit en devoir, soir après soir, d'égorger, de dépouiller, de vider, de préparer la pitance de ses protégés. Hercule grignotait sa part, Personne engloutissait la sienne ; ils se couchaient dans la paille, et au matin ils partaient avant l'aube, pour éviter les questions indiscrètes, et pour ne pas susciter ces peurs volatiles qui, en ces temps de trouble, n'étaient jamais très loin des violences et du massacre.

Ils contournèrent Rouen par le sud. Alors, dans les grandes forêts de chênes du domaine royal, la pluie cessa enfin, deux jours durant ; des gloires de soleil percèrent les futaies, Jean Dubois de nouveau se métamorphosa en chevalier errant, flanqué d'un petit chien et d'un lion magnifique.

24

À mi-chemin de Versailles, ils arrivèrent aux portes de Louviers, ville que Jean Dubois avait choisie sur la carte, après de mûres réflexions, pour être son étape de confort. Il voulait, au moins une fois, se faire raser et coiffer, se rendre au bain public, manger à une table, parler à des êtres qui ne soient ni des quadrupèdes certes bienveillants, mais peu loquaces, ni des rustres défiants ; et dormir dans un lit.

Ils étaient parvenus en vue de Louviers juste avant l'aube, quand ils manquèrent de se faire massacrer par une horde de paysans et de hobereaux des faubourgs de la ville, qui les attendait en embuscade, au coin d'un bois, armée de longs bâtons, de couteaux et de piques. La réputation fantaisiste de ces trois voyageurs insolites avait progressé plus vite qu'eux sur la route de Versailles, et n'avait cessé en chemin de croître, de gonfler, d'empirer aussi : Jean Dubois passait désormais, dans toute la région, pour un loup-garou ou un nécromant, selon les versions. On lui prêtait en tout cas des mœurs et des exploits sinistres. C'était une manière de sorcier qui, allant de ferme en ferme, refusait de dormir dans les maisons quand il y voyait un crucifix. Il engrossait les filles d'un seul regard, disparaissait tout à coup dans la nuit, laissant derrière lui des carcasses à demi dévorées, des entrailles d'animaux qui avaient dû servir à quelque culte abominable.

Dubois ne dut son salut qu'à l'intervention d'un curé nommé Lafont, homme éclairé, savant et pieux ; mais aussi lecteur fervent de toutes les gazettes sur lesquelles il pouvait mettre la main. Il avait eu vent de l'arrivée d'un lion du Sénégal en France, le troisième seulement de son espèce dans tout le royaume. Quand la rumeur les avait annoncés aux portes de la ville, Lafont s'était avancé à la rencontre du trio, ne voulant pas manquer une occasion de s'instruire et de se divertir. Il s'ennuyait un peu dans cette ville ouvrière où la plupart des patrons étaient des rustres, où les ouvriers pratiquaient une foi de façade, hantée de superstitions anciennes. La troupe haineuse avait déjà encerclé les trois compères quand Lafont surgit, juché sur son âne. Il harangua la populace. Il brandit sans l'ouvrir un portefeuille renfermant une lettre de l'archevêque de Rouen qui plaçait le lion sous la protection de l'Église. Il rappela que la forêt Ménout, où ils se trouvaient présentement, ne passait pas pour porter chance aux criminels – on y avait branché des voleurs de bois, l'an passé. Ils attendirent dans une clairière que les fâcheux se dispersent.

Ensuite Lafont et Dubois conversèrent comme de vieux amis. Le curé ouvrit son portefeuille, qui ne contenait qu'un carnet à dessin et quelques mines enveloppées dans un mouchoir de toile. Il put croquer tout à son aise Personne, qui se laissa examiner les pattes, les dents, les parties génitales et la queue. Enfin ils entrèrent dans la ville à la nuit tombante seulement, par précaution, toujours sous la houlette du prêtre, qui les logea dans sa propre maison, près de l'église Saint-Étienne.

Le père Lafont et Dubois passèrent ensemble une première soirée merveilleuse, au coin d'une flambée magnifique où rissolait une poularde. Le prêtre fit à son invité les honneurs de son cabinet de curiosités, qui était toute la fierté de cet homme simple. Il comportait notamment les fort beaux fossiles qu'il avait collectés dans la région, un herbier des bras de l'Eure qui traversaient Louviers, qu'il avait la faiblesse de juger exhaustif ; et Dubois, qui ne savait pas mentir, fut soulagé de constater que, de fait, le prêtre connaissait son affaire. Il le complimenta chaleureusement. Le bon homme s'en fut donner sa première messe le corps fourbu de cette nuit blanche, mais le cœur léger.

Sorti avec lui, Dubois alla se promener seul dans

la pénombre des rues désertes de Louviers. Le ciel gris de nuages diffusait une lumière maladive, jaunâtre. Cependant la ville, qui comportait de très nombreuses fabriques, respirait un air de prospérité : cette destinée industrieuse semblait l'avoir assez largement mise à l'abri des aléas économiques de la campagne. Un peu avant la septième heure du jour, alors que Dubois s'engageait dans la rue du Faubourg Saint-Germain, celle-ci fut brusquement envahie par des centaines d'hommes surgis de nulle part, vêtus en ouvriers. Dubois suivit le flot de la plus large cohorte. Elle le mena jusqu'à un bâtiment qui détonnait dans cette ville de pierres grises. L'édifice paraissait neuf. Il était en tout cas construit dans le goût le plus récent. Entièrement maçonné de briques rouges, il était presque luxueux, mais d'une manière moderne, fort éloignée des fastes d'un palais aristocratique. C'était la fabrique du sieur Decrétot, fondée en 1779, ainsi que le proclamaient fièrement, sur la façade, de grandes lettres jaunes en tuiles vernissées. En reconnaissant ce nom, l'enthousiasme de Dubois redoubla : comment avait-il pu oublier que Louviers était la ville de Decrétot ? Un contremaître l'arrêta devant la grille principale, tandis que les ouvriers disparaissaient dans la pénombre du bâtiment principal.

Dubois fit valoir combien il était féru de Progrès. Il expliqua qu'il avait suivi avec passion, tout jeune, le progrès des métiers à tisser anglais et la brillante carrière du chevalier d'industrie Decrétot, qui les avait importés ici, en engageant des ouvriers anglais. On avait beaucoup parlé, plus récemment, de son usine de la Mécanique et de ses nouvelles machines, actionnées par l'énergie hydraulique, qui servaient au cardage de la laine. On en escomptait beaucoup, parce qu'elles réduisaient des deux tiers les besoins en main-d'œuvre. Se pouvait-il que lui, Dubois, voyageur de passage, soit admis à jeter un œil sur cette éblouissante création ? Étourdi par son bavardage, le contremaître laissa passer l'importun. Dubois pénétra avec une curiosité avide dans l'une des gigantesques salles des machines, qui enjambait l'un des bras de l'Eure. C'était, sous des fenêtres étroites et hautes comme celle d'une cathédrale, de longs alignements de métiers à tisser, au pied desquels s'affairaient des hommes, dérisoires, minuscules. Enfin, les préparatifs touchèrent à leur fin. Chacun des hommes gagna une position précise, comme le servant d'un culte nouveau et complexe. Il se fit un grand silence. Le timbre grêle d'une cloche sonna, et Dubois entendit, montant des profondeurs, de grands bruits d'eau : on venait de relancer, identifiable à de sourds craquements de bois, les trois grandes roues à aubes du moulin central. Un vacarme inouï s'éleva brusquement. Dubois resta de longues minutes bouche bée, stupéfait. Il n'avait jamais rien entendu de pareil. Le sol vibrait sous ses pieds. Le bruissement des machines ne blessait pas seulement les oreilles, il s'insinuait dans vos organes comme un poison, vous donnait la nausée.

Le cerbère s'était ravisé, et vint le tirer par la manche pour le ramener dehors. Il avait reçu des instructions strictes, car on redoutait des sabotages par des ouvriers mécontents mis au chômage. Dubois, de retour dans la rue, s'aperçut que c'était toute la ville qui maintenant bourdonnait comme un énorme insecte de métal. Il revint à la cure. Personne gémissait, l'oreille basse et frémissante. Il semblait souffrir mille morts, terrorisé par ces bruissements de sauterelles mécaniques. En le regardant, Jean Dubois comprit quelque chose : ces machines qu'il avait tant admirées, sagement exposées dans le calme des planches d'encyclopédie, il n'avait pas même songé qu'elles pussent produire le moindre son ; ni même, et il en rougissait de confusion, qu'elles pussent être affectées de mouvements. De toutes les façons, rien n'aurait pu le préparer à cette expérience. C'était comme si des dieux en colère avaient lâché sur la terre des myriades de criquets bruissants. C'était surtout le cri inhumain d'une divinité qu'il avait jusque-là adorée sans y penser : le Progrès. Pour ne pas faire souffrir ni affoler davantage le pauvre Personne, Dubois écourta son séjour, donna sa chemise et ses bas et son pantalon sales au prêtre, pour ses pauvres, au lieu d'attendre qu'on les lui lave, s'octroya tout de même le luxe d'une étuve et d'un barbier. Puis il fit ses adieux à son nouvel ami, promit de lui écrire, de le proposer comme correspondant du Jardin des plantes, et reprit le chemin de Versailles.

25

Ils suivaient maintenant la vallée de l'Eure, sur les conseils du curé. À Pacy, Jean, Hercule et Personne prirent leurs quartiers dans la plus mauvaise hôtellerie du bourg, pour ne pas attirer l'attention. On installa Hercule et Personne dans une vieille soue à cochons au toit crevé, que Dubois fit garnir de paille. Puis il s'en fut commander son dîner au tenancier maussade qui, ayant participé pour le compte du roi de France à la bataille de Yorktown, de l'autre côté de l'Atlantique, estimait avoir joué un rôle absolument décisif dans l'indépendance des colonies américaines vis-à-vis de l'ennemi anglais. Dubois dînait dans la salle enfumée de l'auberge lorsqu'il y eut à l'extérieur un commencement d'agitation, qui se mua très vite en tumulte. Il se précipita dehors, affolé d'inquiétude. Mais cette fois-ci ses protégés, qui somnolaient dans leur soue, abrités sous une bâche, n'étaient pas en cause. Il faisait encore un peu jour, et un étrange convoi venait d'entrer dans la cour, composé d'une dizaine d'archers, le mousquet à l'épaule, et de deux chariots couverts qui attiraient la curiosité des badauds accourus en nombre sur le côté des véhicules dissimulés aux yeux de Dubois. Il s'avança. Sur les visages de la foule se lisait toute la gamme des sentiments humains : quelques servantes, des vieilles femmes pleuraient de compassion, tandis que d'autres sifflaient entre leurs dents de mauvaises injures ; quelques paysans ricanaient et se poussaient du coude ; des enfants écarquillaient les yeux, béants. Deux hommes de qualité affectaient une certaine dignité, mais n'en lorgnaient pas moins le contenu des chariots. Dubois les contourna enfin pour découvrir l'objet de ces attentions diverses.

Une trentaine de filles étaient assises sur les chariots, attachées par le milieu du corps, six par six. Mais l'une d'entre elles surtout, qui paraissait de condition différente, et qui était assurément la plus jolie, concentrait toute l'attention égrillarde des hommes et la haine rancie des femmes. Mais de son côté, Dubois avait remarqué une autre prisonnière, et il ne pouvait en détourner son attention. Elle se trouvait en bout de chaîne, accablée de fatigue, suante, énorme. Toute vie semblait s'être retirée de son corps difforme. Son regard même était éteint. Dubois retraversa la cour boueuse, et revint lui porter un pichet d'eau ; et les gardes, impressionnés par son geste, s'écartèrent. Il lui donna à boire. Elle ne releva pas la tête vers lui, son regard resta perdu dans la boue de la cour, l'eau coulait en partie sur son corsage.

Et Dubois, le soir même, se tourna et se retourna dans son lit en se demandant où il avait déjà vu pareil regard et d'un coup se souvint que c'était celui de Personne, lors de leur première rencontre, sur le quai du bassin du Roy.

26

Au milieu de cet été désastreux, une tempête prodigieuse s'abattit sur eux, le 13 juillet 1788, qui allait rester, de mémoire d'homme, comme la plus violente du règne de Louis XVI. Hercule, Personne et Dubois s'étaient mis en route très tôt dans un jour blafard et approchaient de Marly, vers huit heures du matin, quand à l'est, derrière eux, le tonnerre gronda longuement et à plusieurs reprises. Puis d'immenses nuées d'un noir profond envahirent l'horizon, et d'un coup la nuit les enveloppa à nouveau. Hercule tira la manche de Dubois. Accédant à cette supplique muette, le jeune homme se mit en quête d'un abri provisoire. Entre deux troncs abattus par la foudre durant l'hiver précédent, Dubois tendit une toile cirée, disposa par-dessous un lit de branchages, creusa tout autour de son campement une rigole pour se garantir le mieux possible des ruissellements, et installa Hercule et Personne à côté de lui.

L'orage fondit sur eux à la demie de huit heures. En un instant, une pluie de branches, hachées par la tempête comme par une mitraille, s'amoncela sur leur bâche, et d'énormes grêlons roulèrent à leurs pieds. Dubois tenta une sortie pour déblayer leur abri, mais il se trouva blessé au sourcil par une sorte de grêlon en forme d'étoile, et il rentra précipitamment sous la toile. Une violente bourrasque emporta les branchages, et bientôt leur toile cirée. Ils durent se glisser sous les troncs. Une pluie torrentielle acheva de les glacer. Dubois prit Hercule sous son manteau et se coucha contre Personne, qui tremblait. Dans toute la forêt, de violents craquements signalaient la défaite d'arbres immenses, dont la chute faisait trembler le sol. Aucun ne s'abattit sur eux. L'attaque ne dura pas plus d'une heure, mais quand ils se relevèrent pour reprendre leur route, ils se reconnurent à peine : tous les champs semblaient avoir été moissonnés par un paysan géant, furieux, dément, venu d'un autre monde. Les sentiers étaient noyés de détritus charriés par la tempête ; des eaux sombres débordaient des fossés et des ruisseaux ; les grêlons accumulés formaient une couche de glace qui mit plusieurs jours à fondre.

Ils progressaient avec une lenteur extrême, foulant ou enjambant des animaux morts ; des oiseaux surtout, par dizaines. Il pleuvait toujours. Les toits de chaume béaient le long des routes ; des ardoises brisées, des clochers d'églises gisaient au pied des nefs. Des paysans courbés sous le vent s'affairaient sans un mot, désormais indifférents à ces voyageurs insolites maculés de boue. Sous la pluie, et à travers ces paysages de cauchemar, le trio se trouva peu à peu enveloppé, puis pénétré par une odeur étrange, où se mêlaient la crotte, des senteurs de cuisine, des relents d'urine rance, des vapeurs méphitiques de décompositions variées. Versailles n'était plus très loin désormais. Ils y parvinrent par un soir de pleine lune, et quand ils se présentèrent devant l'entrée principale, sales, abattus et transis, les Suisses de la grille d'honneur eurent un mouvement de recul, qui ne devait pas seulement au lion. Ils puaient formidablement.

27

Sur les indications des Suisses, ils longèrent les grilles du côté de l'Orangerie, et pénétrèrent dans l'enceinte de Versailles par une allée qui menait directement à la Ménagerie. L'intendant du lieu, qu'on était allé réveiller, les accueillit avec soulagement. Il se sentait bien seul. Il ne put guère offrir que des quignons de pain et un reste de bière éventée à ses hôtes. Pendant que chauffait un chaudron d'eau, il ne cessa de parler des frais que lui occasionnaient les quelques bêtes qui lui restaient, car la Ménagerie n'était plus ce qu'elle était. Il se plaignit de l'indifférence des divers surintendants de la cour à qui il devait des comptes, mais qui ne lisaient apparemment pas ses mémoires. Dubois put enfin se laver, passer une chemise propre. Il donna de son mieux une toilette à ses deux protégés. L'intendant insista enfin pour l'installer dans son lit, l'autorisa sans difficulté à faire dormir Hercule et Personne dans sa chambre, annonça qu'il était content de ce renfort, assura qu'on parlerait de tout le lendemain, et, après avoir dit qu'il coucherait dans la grange, il disparut dans la nuit.

Le lendemain, le temps se trouva, par exception, radieux, et Jean Dubois fut réveillé par les premières clartés de l'aurore. Il chercha en vain son hôte et se glissa dehors, non sans avoir constaté, dans les vitrines du salon du pavillon central, l'absence de la collection de porcelaines de la Chine dont le bougre s'était montré la veille si fier, ainsi que du portrait de sa défunte femme, qu'il regrettait tant. Versailles n'avait pas été épargnée par la tempête. Le gros de la cour avait suivi le roi à Rambouillet, où un millier de fenêtres, disait-on, avait volé en éclats. Mais tous ceux qui s'étaient enhardis au-dehors, des intendants aux hommes de peine, découvraient, avec des serrements de cœur, des rangées de grands arbres affalés qu'on ne relèverait pas. Quant aux bassins, ils étaient couverts de détritus informes. Là encore des étourneaux, des lièvres, des campagnols morts jonchaient les allées, les prés, les sous-bois. Dubois s'avança timidement vers le palais royal. Des hommes juchés sur des échafaudages de bois s'affairaient déjà sur la façade qui avait subi le vent de plein fouet, et remplaçaient les vitres brisées par des rectangles de papier fort et huilé, en attendant mieux. Dubois prit langue avec le contremaître qui dirigeait ces opérations. L'homme lui rit au nez lorsqu'il expliqua que l'intendant de la Ménagerie lui avait fait bonne impression ; il reprit son sérieux quand il mesura la candeur de son interlocuteur. Il y avait longtemps que ce fameux intendant qui n'en était pas un attendait un prétexte pour se défiler d'une fonction qu'il avait obtenue par ses protections au sein de la noblesse du Quercy, et dont il croyait, avec raison, avoir exprimé tout le bénéfice. Il avait siphonné la Ménagerie de tous les outils qui étaient nécessaires au bon fonctionnement de sa ferme-château du Gers, détourné tout ce qu'il avait pu en affamant, même, les bêtes confiées à ses soins, volé jusqu'à la vieille vaisselle de terre du pavillon. Il avait probablement jugé que le moment était venu de se retirer sur ses terres. On ne reverrait jamais cet aigrefin, et le contremaître déconseilla à Dubois de se donner la peine de le dénoncer.

Dubois revint fort désappointé vers la Ménagerie, par une allée déserte. La solide maçonnerie des bâtiments était intacte, mais la plupart des vitres donnant sur l'ouest, ici aussi, étaient brisées ; il en fit machinalement le compte. Les pelouses qui agrémentaient l'accès à la Ménagerie étaient singulièrement défraîchies, et Dubois ne tarda pas à s'apercevoir que la tempête n'y était pas pour grand-chose. Partout on avait laissé pousser les herbes folles, qui formaient maintenant des bouquets détrempés, couchés par le vent dans la boue. Le jardin potager situé sous ses fenêtres, fermé par une enceinte octogonale qui reproduisait le dessin du pavillon central, était la proie des ronces et le royaume des taupinières. La Ménagerie royale souffrait de tous les symptômes d'un lent délabrement et d'un coulage systématique. À l'intérieur, les cadres des tableaux et d'un grand miroir avaient laissé des longues traces pâles, d'une tristesse infinie ; et il n'y avait plus dans la cuisine des appartements de l'intendant, outre le chaudron, qu'un pot fêlé, une poêle bosselée, et trois cuillères de bois.

Si Jean ne parvenait guère à faire coïncider ses souvenirs d'enfant avec l'état présent du lieu, ce n'était pas seulement à cause de cette incurie. Il y avait autre chose. Jadis chaque petit-maître avait attiré là sa maîtresse, cherchant à l'étonner en la menant voir le dromadaire, à l'attendrir en lui montrant les colibris de la grande volière, à l'effrayer enfin devant l'enclos des fauves ; et il passait à sa taille un bras protecteur. Elle se serrait contre lui, et la visite s'achevait dans un petit salon à l'étage, où le séducteur prévoyant avait fait servir une collation légère, derrière des rideaux tirés. Mais le présent souverain, et par voie de conséquence son entourage, c'est-à-dire tout le monde à Versailles, avait perdu le goût de cette arche hétéroclite qui datait du temps de la mère du roi Louis le Quinzième. Et Dubois savait bien que, de l'autre côté du parc, la reine actuelle avait installé un lieu plus à son goût. Elle préférait à l'exotisme suranné de la Ménagerie, sa bergerie personnelle, avec ses moutons enrubannés, sa basse-cour délicieusement commune, ses vaches de Hollande, ses poules d'Inde, ses variétés de pigeons, ses ambitions expérimentales. La cour, à sa manière, avait commencé de se ranger au culte bourgeois de l'utile. Et Dubois, qui était lui-même un des plus fidèles serviteurs de ce nouveau culte, et qui entendait faire le bien de l'Humanité en consacrant sa vie à l'étude de la nature, sentit qu'il ne constatait pas seulement, dans cette désolation, l'irréversible disparition de son enfance ; mais celle d'un monde tout entier.

De retour de sa courte promenade, Dubois, qui savait ce que suppose de soins la responsabilité de bêtes, secoua son découragement et se lança dans une inspection plus systématique des lieux. Il gagna l'étage supérieur du pavillon central qui, surmonté d'un élégant dôme d'ardoise, dominait les sept cours dans lesquelles, comme sur un éventail, on s'était jadis proposé de placer tous les animaux du monde sous le regard du plus grand souverain de l'univers. La plupart de ces cours étaient maintenant vides. Armé du rôle que lui avait laissé l'intendant, Jean Dubois redescendit et passa d'enclos en enclos. Ledit rôle n'était pas à jour, et il s'en fallait de beaucoup. La cour des Pélicans n'en avait plus que le nom. Dubois ne retrouva pas non plus la paire de faisans, les six antilopes, le casoar, le couple de fennecs des sables. Mais il régnait désormais, quoi qu'il en eût, sur un troupeau aussi maigre que disparate. Le couagga, sorte de cheval zébré sur l'avant-train qu'on avait fait venir du Cap de Bonne-Espérance en 1784, avait survécu. Il se laissa caresser en quémandant quelque friandise. Plus loin le bubale, vache bossue au pelage roux, cadeau du dey d'Alger en 1783, ne daigna pas lui accorder un regard. La volière, censée recéler encore une demi-douzaine de couples, ne contenait plus qu'un pigeon huppé de l'île de Banda, au plumage bleu magnifique, et deux oiseaux minuscules qu'il ne put identifier, car ils se réfugièrent au sommet d'un figuier touffu quand il chercha à les approcher ; Dubois crut ne pas devoir s'attarder là très longtemps car le pigeon, arrivé récemment et encore fort sauvage, manifestait lui aussi un affolement des plus vifs, et menaçait de se blesser aux grillages.

La veille, déchirant la nuit, un barrissement mélancolique avait accueilli les voyageurs, et Jean Dubois avec émotion avait cru identifier le cri du rhinocéros. Puis il avait mis cela au compte de la fatigue. Il n'en avait jamais entendu, ni vu. Et pourtant c'était l'animal qui avait, quand il n'était encore qu'un enfant, décidé de sa vocation de naturaliste. Le grand-père de Jean lui avait souvent raconté avoir vu, à deux reprises, une fois à Londres et une fois à Paris, la célèbre Clara, femelle rhinocéros qu'un entrepreneur avisé avait promenée dans toute l'Europe avant la naissance de Jean, et qui avait fait l'objet d'un engouement immense : on avait vendu des milliers de gravures la représentant, elle était devenue un motif décoratif sur les assiettes et les horloges de la bonne société. Jean avait longtemps gardé à son cou une médaille qui la représentait, don de son grand-père chéri. De Clara, il était passé insensiblement à l'espèce, et de là à la science naturelle : il connaissait par cœur les rares descriptions savantes de la bête, et il se souvenait encore de son émotion quand il avait découvert, dans les archives du Jardin royal, un exemplaire de l'*Histoire naturelle du rhinocéros* de l'anglais Parsons, qu'il avait déchiffré avec fièvre dans le texte original. En consultant le rôle, Dubois s'aperçut, le cœur battant, que l'avant-dernière cour était censée être occupée par un rhinocéros. Il y courut. L'animal était là.

Ce rhinocéros mâle, envoyé de l'Inde en 1770, disposait d'un enclos individuel, qui comprenait une sorte de loge basse pour l'abriter la nuit, ainsi qu'un large abreuvoir en demi-lune, maçonné dans le sol, où il pouvait bauger tout à son aise. Un détail fit monter des larmes aux yeux de Jean : la bête avait usé contre les barreaux des grilles sa corne unique.

Le rôle indiquait qu'il se nourrissait de quatre-vingt-dix pains de six livres par mois, et qu'il convenait de l'enduire régulièrement d'huile afin de conserver à sa peau le lustre nécessaire à sa santé. L'animal amaigri se trouvait dans un état qui montrait que ces instructions n'avaient pas été suivies, et sa peau était largement craquelée.

Dans la dernière cour, quelques singes s'abritaient de la pluie sous une charrette. Ils ne figuraient pas sur le rôle. Il y avait aussi, de-ci de-là, différentes sortes d'oiseaux et de rongeurs confinés dans des cages de toutes tailles. Et c'était tout. Il n'y avait pas plus de cinquante bêtes dans ce qui avait été la ménagerie la plus admirée, la plus visitée, la plus imitée d'Europe. Selon les papiers de l'intendant fugitif, le présent souverain n'avait honoré qu'une seule fois ces lieux de sa visite, visite au cours de laquelle Sa Majesté avait déclaré qu'il faudrait penser à fermer cet endroit, à transférer peut-être les bêtes à Paris, pour créer une ménagerie digne de ce nom, et du sien, au sein du Jardin royal. Puis il s'en était allé présider le conseil de ses ministres, et il avait oublié qu'il avait, en sus de ses millions de sujets, la charge de quelques oiseaux-mouches, d'une horde de babouins, d'un rhinocéros et du raton laveur offert à la reine par une ambassade des États-Unis d'Amérique.

Un certain M. Laimant, délivreur du roi, se présenta

à Dubois au milieu de la matinée, suivi de deux charrettes de fourrage et de vivres divers. Il trouva le nouveau venu occupé à ramasser du foin dans une soupente, pour le rhinocéros. Il se réjouit de la fuite de l'incapable qui se disait intendant de la Ménagerie jusqu'à hier, et assura Dubois qu'il serait forcément plus compétent que l'autre – ainsi commença et s'acheva la cérémonie de nomination de Jean Dubois au poste d'intendant de la Ménagerie royale. Les fonctions de ce Laimant, délivreur du roi, se révélèrent fort étendues ; il était, en autres choses, chargé de superviser la nourriture des pensionnaires de la Ménagerie, et proposa à Dubois de détacher des écuries du palais proprement dit deux palefreniers pour l'aider dans cette tâche. On installa Personne dans l'ancienne cour du lion, désertée depuis des dizaines d'années. L'endroit se trouvait envahi d'herbes folles que Laimant fit aussitôt faucher par l'un de ses aides. Puis on combla les fondrières, on regarnit de chaume le toit de l'appentis, et Personne, avec un air de satisfaction visible, vint s'y installer. Son prédécesseur prenait depuis longtemps la poussière dans les réserves du Jardin royal, à Paris, avec son armature de bois et ses rembourrages d'osier et de paille. M. Laimant promit à Dubois que l'administration royale le coucherait sur la liste de ses employés, avec la gratification afférente, et s'en retourna vers le château.

28

Tout le royaume espérait un hiver clément. De mémoire d'homme, celui de 1788 fut l'un des plus rudes qu'on eût jamais connus. Le Grand Canal gela dès les derniers jours de ce qui tenait lieu, cette année-là, d'automne, et resta pris dans les glaces pendant de fort longues semaines. Les allées du parc solitaire et glacé, méconnaissables, étaient désertes du matin au soir. Versailles tout entière semblait avoir été frappée par quelque sortilège sinistre. À l'ombre de la cour, la Ménagerie échappait de justesse à la famine ; au-delà des grands murs de la royauté, on pendait des voleurs, des émeutiers qui réclamaient du pain : partout dans le pays, les moulins s'arrêtaient, faute d'eau vive et de grain.

Il y avait cependant à Versailles trois êtres profondément heureux. À la moindre éclaircie, Jean Dubois interrompait sa tâche quotidienne, enfilait le grand manteau doublé de peaux de lapin qu'il s'était confectionné lui-même, et emmenait Personne en promenade, Hercule à ses basques. Ils quittaient la Ménagerie, gagnaient le bras le plus large du Canal, marchaient en direction du couchant, vers cette perspective habilement ménagée qui donnait aux promeneurs l'impression que le jardin ne finirait jamais ; et souvent Personne se lançait dans des courses folles, dont il revenait pantelant et ravi.

Au commencement de décembre, ils étaient dehors à trottiner sous un ciel de peintre d'un bleu intense, et quand ils parvinrent à l'extrémité du grand bassin, un vent vif se leva et tira sur l'azur un épais manteau de grisaille. Puis de petites choses blanches tombèrent du ciel ; Jean était le seul des trois à avoir déjà vu de la neige. Les deux autres promeneurs, passée la stupeur, se mirent à sauter pour attraper des flocons, qui leur picotaient délicieusement les babines et la langue. Personne poussait des rugissements de joie, et son haleine faisait fondre encore d'autres flocons. Ils revinrent vers la Ménagerie ; au loin, la blancheur avait tiré ses rideaux sur le palais. Ils étaient seuls au monde. Ils jouèrent encore longtemps à faire des glissades, et Jean finit par se joindre à eux, comme un enfant, en leur lançant des boules de neige. Il n'avait après tout que vingt ans.

Sur le chemin du retour, la neige empêtrait leur démarche. Ils glissèrent et tombèrent à maintes reprises, et Hercule finit l'une de ces cabrioles dans un petit bras du Grand Canal, heureusement gelé. Ils regagnèrent la Ménagerie en courant. Jean Dubois les fit entrer dans le vestibule du pavillon central, les essuya et les sécha comme il pouvait avec des bouchons de foin sec, et les fit monter à l'étage où il alluma pour eux une grande flambée, n'ayant pas le cœur de les renvoyer dehors, sous leur pauvre abri de planches. Hercule et Personne s'endormirent dans la chaleur intense du foyer. Quand ils se réveillèrent et qu'ils redescendirent le grand escalier du pavillon central, il n'y avait plus rien dehors, sinon le grand poème de la neige immaculée. Tous les sons habituels de la vie quotidienne avaient disparu, comme engloutis. La température ayant fortement chuté, Personne lui-même ne s'enfonçait plus qu'à peine dans la neige, qui ressemblait sous ses pattes aux dunes de leurs promenades sénégalaises ; encore que le crissement sous la patte fût un peu différent. Ils n'allèrent pas loin, car le froid intense leur brûlait les pattes et les poumons, s'insinuait jusqu'à la moelle de leurs os. Personne en toussa toute la semaine.

Il neigea encore pendant dix jours. Jean Dubois n'avait heureusement pas de domestiques pour protester contre sa nouvelle habitude : il avait pris Hercule et Personne en pension dans ses appartements. Comme au Sénégal, ils eurent leur tapis : une grande scène mythologique des manufactures royales dont Dubois ne sut deviner le thème. Les bêtes dormaient, la plupart du temps, et ne suivaient plus leur ami dans ses tournées matinales d'inspection de la Ménagerie. L'après-midi, Jean reprenait ses dessins des animaux de son domaine, dont il voulait dresser le catalogue illustré. Il avait pour soutien une vingtaine de peintures animalières que Laimant avait fait accrocher dans les appartements de l'intendant, dans l'escalier du pavillon, et qui étaient de la main des meilleurs peintres du roi ; mais par scrupule scientifique, Dubois s'interdisait de dessiner un sujet qu'il n'avait pu observer lui-même, sur le vif. Il rehaussait ensuite ses dessins à la craie et au fusain. Il devait se hâter, car la Ménagerie se dépeuplait inexorablement. Les deux oiseaux-mouches étaient morts aux premiers flocons. Il les avait soigneusement disséqués, en notant ses observations. Puis il avait préparé les squelettes, déplorant que, privé d'esprit de vin par la misère générale, il ne pût en conserver les entrailles.

Parfois Jean Dubois relevait la tête de son ouvrage et il contemplait le lion Personne, roulé en boule sur son tapis de haute lisse. Il se disait que décidément un lion n'était pas fait pour vivre cette vie de chien de manchon. Il songeait, plus souvent, que jamais un lion n'avait eu existence plus douce.

Au printemps, des miséreux envahirent cinq des sept

cours de la Ménagerie pour y installer des potagers de fortune. Au bout de deux semaines des gardes les chassèrent ; une femme mourut dans l'échauffourée. Dubois avait regroupé ses pensionnaires survivants dans les deux cours restantes, et affecté trois palefreniers à leur protection. Depuis la disparition mystérieuse de l'un de ses singes, il craignait que toutes ses pauvres bêtes ne finissent sous le couteau d'un affamé. La faim et les colères s'étalaient en France comme des flaques de sang, et viraient lentement au noir.

29

Pendant l'été 1789, des humains s'agitèrent. En octobre 1790, le silence se fit à Versailles : la cour était partie à Paris. Jean Dubois nourrissait avec peine les occupants de sa petite arche, et particulièrement les carnivores, car les paysans de la région, comme naguère les employés de Pelletan, trouvaient de plus en plus mauvais que des bêtes venues de l'Afrique ou de la Chine fissent meilleure chère qu'eux. La misère taillait ses clairières dans les rangs du peuple, et il arriva quelquefois aux trois promeneurs du parc de tomber sur le corps d'un malheureux mort de faim. Un matin, Jean Dubois constata que ses deux palefreniers-gardiens avaient disparu. À la place où dormait habituellement le couagga, il trouva une large tache de sang que la terre finissait de boire. Les hommes ne reparurent jamais. La petite basse-cour ordinaire elle-même avait peu à peu fini sur la grille de quelque rôtisseur amateur, et Jean Dubois dut se passer d'œufs, comme il se passait de tant d'autres choses. Au commencement de l'an 91, il ramassa dans la volière, le cœur serré, une plume magnifique, qui était tout ce qui lui restait du pigeon huppé de l'île de Banda.

Un après-midi du mois d'août 1792 ils virent arriver dans les jardins des paysans qui brandissaient des piques et des fourches, ainsi que des hommes en chemise qui portaient des rondelles colorées de bleu, de blanc et de rouge : pendant quelques semaines il ne fut plus question de s'aller promener dans les allées royales. Chaque soir désormais, Jean descendait prendre, au cabinet de lecture d'un franc-maçon surexcité qui tenait, près des écuries royales, un estaminet, les nouvelles des bouleversements qui semblaient ne plus devoir arrêter leur cours impétueux et incertain.

Il arriva enfin qu'une section locale des jacobins se mit en tête d'envahir la Ménagerie, d'en briser les clôtures, sans qu'on sache très bien s'il s'agissait de libérer des malheureuses bêtes victimes de l'arbitraire royal ou de détruire des symboles de la monarchie, de son luxe indécent, de son oisiveté congénitale. On renversa quelques cages dans la dernière cour, et les rats de Java se débandèrent sur les prairies du parc où ils disparurent entre les hautes herbes – Jean Dubois retrouva un à un leurs cadavres, à mesure de ses promenades : ils n'étaient pas nés pour supporter les rigueurs de la vie des bois. Les flamants roses firent les frais de la colère de certains citoyens particulièrement enragés, qui leur brisèrent les pattes à coups de bâton. On livra aux écorcheurs tous les singes qui restaient, parce que l'un d'eux avait mordu un patriote, et qu'on n'osait pas les manger. Le rhinocéros inspira davantage de respect en piétinant le premier qui osa l'attaquer.

Personne provoqua d'abord dans la troupe des émeutiers un mouvement de recul. Il se trouvait allongé au pied de l'escalier central, où il profitait du soleil en compagnie d'Hercule. Alerté par le tumulte, Jean Dubois avait lâché ses dessins et s'était précipité sur le balcon. Par malheur, un jeune homme prénommé Thibaut, fils d'un jardinier, que Jean Dubois connaissait pourtant, qu'il avait même pris en affection, et qui avait côtoyé Personne, était à la tête de la troupe. Il assurait maintenant ses compagnons que cette grosse bête-là ne leur servait à rien ; qu'elle n'était pas plus utile aux hommes qu'un roi ; et que d'ailleurs elle ne serait pas assez courageuse pour se défendre. Et pour le prouver Thibaut tira la crinière du fauve, emportant une large poignée de poils roux. Personne laissa échapper un feulement de douleur, mais ne répliqua pas. Il jeta un regard implorant à Hercule, pétrifié par cette foule à laquelle il n'était pas habitué. Aussitôt les cailloux, les crachats, les insultes se mirent à pleuvoir sur le lion et sur son compagnon canin.

Jean Dubois surgit au pied de l'escalier. Il avait pris soin de revêtir la mise modeste qui était l'uniforme désormais, y compris chez ceux qui n'avaient rien de modeste et, la tête nue, sans perruque, le col ouvert, il leva les mains, il haussa la voix, il interpella Thibaut, il parvint à s'interposer. Dans un silence défiant mais attentif, il dit que la plus grande sottise des savants d'autrefois était d'avoir affirmé que le lion était le roi des animaux ; que précisément, et au contraire, il était un être égalitaire, juste, magnanime, vivant en bonne intelligence avec ses semblables, fils, filles, compagne ; tout comme les citoyens ici présents qui, dans leur juste colère, se trompaient de cible ; les citoyens ne remarquaient-ils pas, en effet, que de tout temps sa fière indépendance avait valu au lion d'être jeté dans les fers de l'arbitraire royal, qui se plaisait à aliéner cette personnification de la liberté la plus ombrageuse ?

Et quant à lui, Jean Dubois, naturaliste amateur issu des rangs les plus obscurs de la nation française, ses laborieuses études lui avaient du moins appris que le titre de roi des animaux pouvait aller, à la rigueur, à l'éléphant, gros profiteur de la savane africaine qui n'avait d'autre activité, à longueur de journée, que de fainéanter, de bâfrer et de foutre, et qu'heureusement la présente Ménagerie ne comportait aucun spécimen de cette détestable espèce. Ce morceau laborieux d'éloquence républicaine retint comme un barrage les flots de rancœur et de méchanceté caractéristiques de ce genre d'émotion populaire, de sorte que, tandis que derrière l'orateur Personne gonflait sa crinière et montrait griffes et crocs, car il croyait son ami Dubois en danger, la foule finit par s'apaiser, puis reflua vers le Grand Canal, et s'en alla passer, pour finir, sa colère sur le baudet et les moutons du Petit Trianon.

Ensuite, ce furent l'oubli et le silence. Jean Dubois se faisait maintenant l'impression d'un pirate marronné sur une île déserte par des compères indifférents, et qui aurait réussi l'exploit d'y survivre, en apprivoisant, par-dessus le marché, un lion du Sénégal. On sut que le roi ne reviendrait plus à Versailles, qu'on avait dépouillé de ses meubles et de ses rideaux ; puis qu'il avait été exécuté par la volonté du peuple français. Quelques mois passèrent. Jean Dubois avait appris à poser des collets et même, dans un manuel trouvé sur les rayonnages du pavillon, à piéger du gibier. Il passait de plus, chaque jour, trois longues heures à faucher la pitance de son rhinocéros, puis à le masser à l'huile. Il n'avait plus de famille depuis longtemps. Il avait bien écrit au comte de Buffon, son protecteur, mais celui-ci était mort de la gravelle, peu de temps avant leur arrivée au Havre. Ils étaient seuls tous les trois, aussi abandonnés que le palais du roi.

30

Enfin les derniers naufragés survivants de la Ménagerie royale de Versailles reçurent une visite, à l'initiative d'un nommé Couturier, nouveau régisseur général des domaines de Versailles, Marly et Meudon. L'homme avait, sans en dire mot ni à Laimant ni à Dubois, écrit au Jardin royal de Paris pour lui proposer tout le cheptel de Versailles. Jacques-Henri Bernardin de Saint-Pierre, nommé en juillet 1792 intendant du Jardin royal, à l'âge de cinquante-cinq ans, lui avait répondu favorablement, et annoncé qu'il honorerait la Ménagerie de sa présence dès qu'il lui serait possible de le faire.

Bernardin de Saint-Pierre tint parole, et se présenta aux grilles du château accompagné de son épouse, de M. Thouin, son jardinier en chef, ainsi que de M. Desfontaines, professeur de botanique du Jardin, bien que lui-même se piquât de connaître parfaitement arbres, fleurs et fruits. Aucun des trois, au fait, ne se connaissait en bêtes. Il s'agissait à vrai dire, dans l'esprit étroit et méchant du régisseur Couturier, de livrer à la science non pas des animaux sur pied, mais des squelettes qui s'en iraient grossir les collections du cabinet du Jardin royal, et le débarrasserait, lui Couturier, d'un coûteux fardeau. Il s'agissait encore, et peut-être surtout, de nuire à Laimant, délivreur du roi, qu'il considérait comme un rival dangereux et détestait passionnément. Il s'agissait enfin de se faire quelque argent en bradant ce qu'il pouvait y avoir là de bêtes à viande ; or, Couturier comptait justement un écorcheur parmi ses amis. Et si l'on pouvait dans le même mouvement faire renvoyer ce Jean Dubois, profiteur qu'on ne connaissait pas, et qu'on ne voulait pas connaître, l'affaire irait suprêmement bien.

Mais Bernardin de Saint-Pierre supplia par lettre le régisseur Couturier de ne rien faire de tout cela et de surseoir à la vente de ces animaux qui rapporteraient bien moins d'argent, morts, à l'État que, vifs, d'instruction aux naturalistes de l'Europe. Bernardin avait toujours pensé que le cabinet savant, avec ses peaux écharnées, distendues ou étrécies par les tannages, avec ses insectes épinglés dans la poussière, avec ses bocaux troubles de viscères et ses effluves ammoniaqués, était le tombeau des règnes de la nature ; et que ce Jardin, qu'on disait national et non plus royal depuis août dernier, aspirait à en devenir le berceau, l'asile, le sanctuaire ; le nouvel intendant voulait décidément des animaux qui sentent, qui aiment, qui connaissent.

On n'avait pas prévenu Jean Dubois de la visite. Il fit une impression d'autant meilleure, car on le surprit en bras de chemise, affairé à nourrir son monde ; il attendrit particulièrement Félicité, la tendre épouse de Jacques-Henri Bernardin de Saint-Pierre, qui venait d'avoir vingt-deux ans. Le couple formé par le chien et le lion émut aux larmes la jeune femme, comme il piqua la curiosité des trois savants visiteurs. Avec audace, Félicité présenta son éventail au grand fauve et Personne, qui sentait comme à son habitude les situations, et que ce jeu ramenait au temps lointain où la petite Marie, au Sénégal, le pliait à toutes ses fantaisies, fut tout simplement formidable : il retrouva pour Félicité toutes les attitudes mignardes du gros chat qui veut jouer, roula sur le dos, ronronna presque, et sans même érafler le fragile éventail. Tous les visiteurs sortirent enchantés de cette rencontre.

Bernardin de Saint-Pierre s'entretint ensuite, au Château, avec le sieur Couturier. Il lui commanda d'attribuer une gratification à Jean Dubois afin d'acheter les six livres quotidiennes de viande de basse boucherie requises par son lion. De son côté, le Jardin allouerait à Dubois une somme suffisante pour qu'il organise le transfert vers Paris du reste de la colonie des animaux de Versailles. Il ordonna enfin qu'Hercule et Personne ne soient pas séparés, car il attribuait au premier la sociabilité du second. Couturier, vaincu, s'inclina sans élever d'objection : il était après tout débarrassé de ces nuisibles, bêtes et homme. Il diminuait l'étendue des attributions de Laimant. Il n'en voulait au fond pas davantage.

Grâce à l'aide de Laimant, Jean Dubois avait pu à la fin de leur inspection offrir à ses hôtes une collation charmante, sur le perron du pavillon. Jean Dubois aimait à écouter, et il prit d'abord plaisir à retrouver, chez Bernardin, qui ne disposait pourtant pas des talents d'orateur de son vieux maître Buffon, le goût des synthèses hardies, des aperçus audacieux, des rêveries tendres. Car monsieur l'intendant rêvait, à ses moments perdus. Il songeait souvent à acclimater les animaux de la terre entière en France, en même temps que les plantes qui étaient, dans le plan providentiel de la Nature, leur complément nécessaire. Ainsi comptait-il inviter dans nos forêts le castor avec ses peupliers, dans nos plaines le renne et ses lichens. Il voulait au sud de la Loire des serres chaudes emplies d'orangers et de bananiers, dans lesquels s'iraient nicher colibris et oiseaux-mouches. Il peuplerait à neuf nos bocages, et même créerait de nouvelles espèces, utiles autant que belles. Comme on chassait maintenant le cerf à la meute, bientôt on chasserait le bison au lion dans la forêt de Marly.

Cependant les péroraisons de Bernardin s'éternisaient : familier des salons parisiens, l'homme était habitué, depuis le prodigieux succès de ses *Études de la nature*, à n'être pas interrompu. Et Jean Dubois, qui ne l'écoutait plus, ne pouvait s'empêcher de constater que, comme Buffon jadis, celui-là ne considérait les animaux que comme des êtres soumis à l'homme, à ses besoins, à ses fantaisies. Il s'aventura à partager avec le grand homme quelques observations qu'il avait pu faire sur la façon dont le lion, quand bien sûr il n'est pas enfermé dans une cage étroite, court et galope. Mais bien vite l'ennui se peignit sur le visage de son interlocuteur. Et Dubois, qui partageait depuis plusieurs années la vie de ses compagnons d'infortune, se surprit à penser, dans un mouvement d'agacement, qu'il avait, lui, quelque droit à disserter sur cette matière. Il fit l'effort de cacher sa contrariété, pour le bien de ses protégés, et se tourna vers la tendre Félicité pour lui montrer une collection de papillons rares qui l'émerveilla. Bernardin sortit de son entretien content de Dubois, puisqu'il l'était de lui-même.

Jean Dubois ne revit jamais Bernardin de Saint-Pierre : son poste d'intendant fut supprimé au bout d'un an, le 10 juin 1793. Ce brave homme s'en alla siéger à l'Institut de France ; mais le transfert de la Ménagerie restait heureusement acquis ; Jean travaillait à résoudre la question du mode de transport du rhinocéros quand ce dernier mourut inopinément, le 23 septembre 1793, vieux style, alors que Dubois se trouvait à Paris. Il le découvrit noyé dans son bassin à son retour, et pleura. Selon l'un de ses aides, l'animal avait reçu au poumon droit un coup de sabre profond d'un garde national, au cours de l'un de ses tumultes qui agitait parfois encore les Jardins. On n'en sut jamais plus. Il fallut deux jours de recherches fébriles pour dénicher le chariot à même de supporter la masse et le poids de sa dépouille. Le rhinocéros parvint bel et bien au Jardin national, à Paris, mais sous la forme d'un cadavre, que les savants se hâtèrent de disséquer ; ce qui fut fait, le 25 septembre 1793, sous la direction de Félix Vicq d'Azyr, médecin, et l'œil de plusieurs peintres et dessinateurs – Dubois n'eut pas le cœur d'assister ; on prit un moulage du pénis de l'animal, on le vida de ses entrailles dont on traça tous les croquis et dessins nécessaires ; pour finir on empailla la dépouille, qu'on exposa publiquement, à côté de son squelette. On avait pris soin de munir le spécimen d'une corne extraite des réserves ci-devant royales, la bête ayant entièrement usé la sienne sur la barrière de son enclos, contre laquelle il se frottait avec l'obstination d'un fou.

Ce même mois, le bubale, Personne et Hercule, ainsi qu'une dizaine de petits animaux survivants, furent transférés dans deux charrettes couvertes à Paris ; et Jean Dubois, qui les accompagnait, intégra le corps du personnel de la Ménagerie nationale.

31

On avait placé Personne et Hercule dans une loge grillée et spacieuse, mais qui leur parut le comble de l'horreur après la vie en appartement et leurs courses folles dans les allées de Versailles. Là le peuple de France, disait-on, pourrait les admirer, s'en distraire, s'instruire – car ils avaient maintenant un public – et, de fait, des citoyens se mirent à défiler, des nourrices avec enfants, des couples en promenade, des étrangers curieux, des dignitaires en visite, des provinciaux en goguette. La nourriture était bonne mais frugale : les employés de l'administration de la République y veillaient. Cependant le bourdonnement des visiteurs leur pesait, toutes les exclamations, les commentaires que suscitaient leurs moindres gestes. Ils finirent par bouger le moins possible, et Personne, souvent, se réfugiait au fond de sa loge, tournant le dos au public. Il y avait des bonnes gens pour se plaindre de cette torpeur de mauvais aloi.

Il leur fallait attendre le soir pour revoir leur seul ami. Jean Dubois, tout accaparé par ses fonctions nouvelles, les promenait un peu dans les allées désertes et sombres du jardin botanique, et parfois montait à la truffe de Personne, comme un souvenir, l'odeur d'une touffe d'alfalfa, une bouffée de lavande ou d'hibiscus qui le ravissait. La Ménagerie du Jardin ne comptait encore que fort peu d'animaux, et Personne en était la principale attraction. Le Jardin leur paraissait à tous trois bien petit. Une série d'événements vint le rétrécir encore.

Au matin du 4 novembre 1793, un spectacle singulier attendait en effet Jean Dubois, dans la cour située à l'angle de la rue du Jardin-du-roi et de la rue Buffon. C'était une accumulation barbare de corps et de cris. Dubois identifia avec stupeur un ours blanc, deux mandrills, un maki. Un nombre considérable d'animaux encombrait le carrefour, tenus en laisse par leur propriétaire : deux léopards, quelques civettes, des hermines, un coq de bruyère, des fennecs, une autruche. L'homme qui tenait en laisse l'ours blanc brandissait une gazette, qu'il colla sous le nez de Dubois. La feuille reproduisait un arrêt du procureur général de la commune de Paris, en date du 3 novembre. Elle était contresignée par les administrateurs Baudrais et Soulès : désormais les animaux sauvages montrés aux coins des rues, sur les marchés et dans les foires, et notamment sur la place de la Révolution, ne devaient plus être abandonnés à l'industrie particulière, attendu que ces ménageries foraines causaient non seulement encombrement sur les places publiques, mais pouvaient aussi, par la négligence des gardiens à l'égard des bêtes féroces, devenir une source de danger pour les citoyens. Les animaux stationnés sur les places de Paris devaient donc être conduits au Jardin national par leurs gardiens, qui seraient indemnisés par les autorités dudit Jardin pour leurs cages et pour leur gagne-pain ; lesquelles autorités leur remettraient également un viatique : de quoi subsister jusqu'au moment où ils auraient trouvé comment gagner autrement leur vie.

Jean Dubois courut à l'appartement d'Étienne Geoffroy Saint-Hilaire, qui logeait à deux pas, dans une petite maison blanche dans l'enceinte du Jardin. Geoffroy Saint-Hilaire venait d'être nommé titulaire de la chaire de zoologie du tout nouveau Muséum national d'histoire naturelle. Il avait sauvé naguère un savant prêtre de la guillotine, et les nouveaux maîtres du régime l'avaient payé de retour par ce poste prestigieux. L'homme n'avait que vingt et un ans, mais Dubois avait déjà eu l'occasion d'admirer son infatigable énergie et sa droiture. Ensemble, ils organisèrent un campement de secours dans les allées du Jardin. Le jeune professeur prit l'audacieuse liberté de dépenser, en un jour, la totalité d'une subvention que la République venait d'allouer à Daubenton, directeur du Muséum : il engagea certains des montreurs de bête comme gardiens, renvoya les autres chez eux avec un petit pécule. La Ménagerie, qui n'en avait pas les moyens, se vit augmentée de cette population hétéroclite, que vinrent grossir, les jours suivants, un chat-tigre, une ourse à collier, deux agoutis, trois aigles, un vautour, un lion marin, un léopard, une paire d'ibis rouges, un raton laveur. Il y avait encore un ours savant et un singe jongleur mais, privés de leur numéro et des applaudissements du public, ils s'ennuyèrent vite et dépérirent rapidement. On les donna à disséquer à des élèves de l'Académie des sciences naturelles, puis on jeta leurs restes au crocodile.

Informés, les savants collègues de Geoffroy Saint-Hilaire s'étranglèrent quand ils apprirent quel usage avait été fait d'une subvention qu'ils avaient si longtemps réclamée, attendue, et qui leur était si nécessaire. Mais le directeur Daubenton sut trouver les mots pour les calmer, et se présenta deux jours plus tard devant l'Assemblée afin de convaincre les députés de leur voter un budget supplémentaire et exceptionnel, qu'il obtint. Pendant ce temps Jean Dubois s'en fut à Vincennes, puis à Versailles, où il récupéra de vieilles cages, des grilles solides pour contenir les animaux les plus féroces – lesquels, pour dire le vrai, étaient tellement habitués à la compagnie des hommes et à leur soutirer des friandises qu'on aurait pu les laisser en liberté dans l'enceinte du Jardin, s'il n'y avait pas eu les visiteurs, et parmi eux de nombreux enfants. Il supervisa également la construction de locaux propres à exposer les animaux au public, et se trouva bientôt nommé intendant de cette Ménagerie nouvelle. Elle ouvrit ses portes au public quelques semaines plus tard, chaque après-midi, y compris le dimanche ; les matinées restèrent consacrées aux recherches scientifiques.

De son côté Étienne Geoffroy Saint-Hilaire n'était pas resté inactif. Il savait la Ménagerie fragile, aux yeux des maîtres du nouveau régime. On lui avait montré, quelques jours après le grand débarquement des animaux, comme il s'était décidé à l'appeler, l'une de ces feuilles à deux sous que le peuple aimait à lire ou à se faire lire, dans les cours des messageries, au fond des cabarets, sur les grands-places, dans les foires de village. L'auteur prudemment anonyme comparait justement l'Assemblée de la représentation nationale à la nouvelle Ménagerie : Robespierre à un loup, ses sbires à des vautours. Ce pamphlet augurait mal de l'état de l'opinion publique à l'égard du Jardin et de ses animaux. Le jeune Geoffroy Saint-Hilaire avait eu alors une idée de génie : pour que la Ménagerie nouvelle ait les faveurs du public, il fallait qu'on n'y trouve pas seulement des animaux exotiques qui sentaient encore trop la noblesse, le cadeau d'apparat, le luxe inutile. Il fit mettre en délibération à l'Assemblée un nouveau décret qu'il avait rédigé intégralement afin de ne pas abuser de la bonté des députés, et qu'ils adoptèrent à une très large majorité. Puis, ayant prié son illustre confrère Lamarck, qui avait plus du double de son âge, de l'accompagner, il se rendit armé de ce décret dans le domaine de Raincy, à quelques heures de cheval de Paris, à la tête d'un contingent d'une douzaine de gardiens.

Il y avait là-bas une vaste chasse dont le propriétaire, Philippe d'Orléans devenu Égalité, lequel avait voté naguère, par prudence ou par ambition, l'exécution du roi Louis XVI, venait d'être guillotiné à son tour. Le jacobin Merlin de Thionville, homme farouche et redouté, se réservait désormais la jouissance de ce domaine. L'homme, qui n'avait point encore connaissance de l'arrêté rendu par la Nation, était justement en pleine chasse au sanglier quand on vint l'avertir qu'un jeune homme, arrivé au château, demandait non seulement qu'on lui remît certains des plus précieux habitants de sa forêt, mais encore qu'il convenait que les bêtes soient vivantes. Pour Merlin, le temps était si loin où quiconque eût osé exiger de lui quelque chose, sans parler de s'enhardir à le menacer dans ses plaisirs, que la surprise l'emporta sur la colère. Il revint au château, l'épieu à la main, pour voir de ses propres yeux qui étaient cet inconscient, ce brave ou ce téméraire.

Là, Merlin s'adressa avec brusquerie au plus âgé de la troupe, qui n'avait pas l'air bien rassuré, troublé par la moustache en croc et l'impression de sauvagerie qui se dégageait de cet individu. Mais ce fut le jeune homme qui se tenait à la droite de cet homme qui tendit à Merlin un document dont le sceau lui était familier. Ce fut comme un coup de baguette magique : Merlin lut l'arrêt d'une traite et, constatant que la décision avait été prise par les représentants du peuple et dans l'intérêt du peuple, il devint immédiatement l'obligé de ses visiteurs inattendus. Il allait fournir à la Ménagerie nationale, leur dit-il, tout ce que la forêt comprenait d'instructif, et sur-le-champ. Merlin rameuta ses piqueurs, troqua son épieu contre un filet, commanda à son intendant et à ses hommes de faire de même, et disposa en lisière du bois la petite troupe de la Ménagerie qui lui faisait l'effet de n'y connaître rien en matière de chasse, et leur commanda de servir de rabatteurs.

Trois heures plus tard, Merlin et ses hommes avaient chargé deux charrettes de gibier à plumes, circonvenu des cerfs et des biches muets de terreur, entravé les pattes d'un sanglier mâle et d'une laie grosse. Merlin de Thionville mit un point d'honneur à reconduire en personne cet étrange convoi à Paris. Chemin faisant, il se fit expliquer par les deux savants ce que c'était que ce nouveau muséum et, aux spécimens confisqués au Raincy, il ajouta même un peu plus tard, en échange de l'empaillage de quelques trophées, divers animaux précieux dont il était possesseur.

32

Mais à l'Assemblée, on se méfiait toujours, décidément, d'une ménagerie : ceux qui avaient quelque lecture se souvenaient que dans l'*Encyclopédie* des citoyens Le Rond et Diderot un article recommandait de les supprimer quand le peuple manquait de pain. Il y eut un débat houleux sur cette question. Un député montagnard s'écria que ce Jardin des princes n'avait décidément rien de national et n'était qu'une imitation coûteuse et inutile du faste asiatique ; un autre leur répondit qu'une ménagerie sans luxe pouvait être extrêmement avantageuse à l'histoire naturelle, à la physiologie et à l'économie. Un démagogue illustre se tailla un franc succès en déclarant bien haut que le roi des animaux devait être destitué ; que le ci-devant lion du Jardin national (on rit) méritait la guillotine comme le lion Bourbon son cousin (on rit encore). Geoffroy Saint-Hilaire se garda bien de demander audience dans un contexte si houleux ; mais il fit en sorte qu'on exige d'entendre le citoyen Jean Dubois, intendant de la Ménagerie nationale, dont il prépara minutieusement lui-même l'intervention.

Oui, il convenait de sauver ces bêtes, victimes de l'arbitraire et des caprices de l'ancien régime, et précisément il le fallait pour des raisons civiques et humaines : Dubois invoqua l'instruction des citoyens, la nécessité de connaître la Nature, de lui arracher ses secrets pour en tirer de quoi nourrir le peuple ; et, quant au lion, son oisiveté proverbiale n'était-elle pas une véritable leçon concernant les vices des rois ? Le peuple n'avait-il pas le droit de venir visiter, le dimanche, ce symbole du despotisme dans la prison confortable qu'une République sévère, mais juste et magnanime, lui avait construite ?

Geoffroy Saint-Hilaire disposait d'amis à l'Assemblée, et il les avait sollicités en coulisses. Ce discours de Dubois, qui n'avait rien de bien original ou de nouveau, fournissait du moins une apparence de légitimité à ceux qui voulaient, pour voter le maintien de la Ménagerie, sinon de saines raisons, du moins de bonnes excuses. Le Jardin fut sauvé ; et avec lui, Hercule et Personne. Le 14 septembre 1794, l'Assemblée entérina la nomination de trois soigneurs, les nommés Félix Cassal, Dominique Marchini et Bernard Louzardi, anciens propriétaires de bêtes confisquées ; et nomma Jean Dubois régisseur général. Geoffroy

Saint-Hilaire, qui cumulait avec son poste de savant celui de directeur de la Ménagerie, prescrit à tout son personnel d'éviter dorénavant le terme de ménagerie, et de lui préférer celui de jardin zoologique.

Personne et Hercule devinrent peu à peu populaires : les Parisiens et les étrangers aimaient cette forte histoire d'amitié à laquelle ils trouvaient des airs de grandeur antique, et dont les gardiens racontaient les péripéties les plus pittoresques ; et même ils vendaient, sous le manteau, une brochure qui détaillait leur histoire, et que Dubois n'aimait pas, parce qu'elle avait adopté le ton ampoulé des légendes d'almanach, et qu'elle contenait mille inexactitudes. On avait placé sur le côté de la loge grillagée de Personne un écriteau indiquant son nom savant, que l'on déchiffrait avec révérence : *Felix Leo*. Le repas restait le moment où la foule se pressait autour de la cage : les deux compères avaient élaboré une routine charmante dans laquelle Personne détachait du cuissot qu'on lui allouait un morceau et le déposait dans l'écuelle d'Hercule, qui lui faisait fête en retour. La foule applaudissait, s'exclamait, les enfants ouvraient de grands yeux, les femmes murmuraient des tendresses. Personne aimait les caresses de la voix humaine, et les recherchait ; il en ronronnait de plaisir. Hercule engraissa considérablement, à force de croquer tous les biscuits qu'on lui jetait.

Le soir, ils étaient bien tranquilles. Une fraîcheur

montait de la Seine et le silence envahissait les lieux, interrompu de loin en loin par le râle d'un cerf, les trilles d'un oiseau de Java, le jappement d'un fennec. Les cris qui s'élevaient de cette étrange, de cette impossible savane troublaient profondément Personne. L'été, il montait parfois des bosquets de la rue Buffon des odeurs de décomposition qui lui serraient le cœur ; alors, des bribes d'images de son enfance venait crever comme une bulle à la surface de son esprit ; son cœur battait plus fort ; il s'endormait moins vite.

Il restait des visiteurs méchants et bêtes parmi les enfants. Ceux-là essayaient sournoisement de leur jeter des cailloux, de les agacer à travers les grilles. Hercule et Personne préféraient les matinées maintenant réservées aux dessinateurs, naturalistes ou artistes, qui venaient s'offrir là, à travers la contemplation des animaux lointains, un frisson d'exotisme, une bribe de savoir. Un siècle finissait. Il semblait que le public avait eu son soûl de férocité, et voulait maintenant du tendre et du mignard, mâtiné d'une élégance qu'on s'imaginait romaine. Hercule rongeait de petits os entre les pattes de son ami le lion, et on l'applaudissait ; quand Personne plongeait ses dents dans la viande sanguinolente de sa pitance, seuls les hommes tendaient le cou pour voir, et les femmes se détournaient en frémissant.

Un jour un gardien par erreur envoya le pain trempé

de sauce d'Hercule devant Personne, et le quartier de viande du lion devant Hercule. Personne ne fit rien pour récupérer ses quinze livres de viande de cheval ; Hercule mit trois jours à les finir. L'anecdote vint augmenter un nouveau tirage de la brochure, qui s'intitulait maintenant : *Les Deux Amis, fable authentique*.

Le repas du fauve fut l'occasion d'une escarmouche, au début du Directoire. Certains vieux jacobins se plantaient ostensiblement devant la cage du lion Personne, guettant des signes de cruauté, raillant son oisiveté, faisant mine de cracher sur ce tyran : on était, ce faisant, républicain à peu de frais. De jeunes visiteurs habillés à la dernière mode se récriaient au contraire sur la majesté de l'animal, et sur la barbarie qu'il y avait à le maintenir dans les fers pour le vil plaisir de la populace, tout en lançant des regards de côté, et en caressant leur gourdin. Parfois les gandins et les brutes se battaient.

En revenant de l'un des bains publics du quai Saint-Bernard qu'il fréquentait assidûment, parce qu'il y trouvait certaines femmes à son goût, énormes et vénales, Jean Dubois glissa et tomba sous la roue cerclée d'une charrette de tonneaux vides qui lui broya la poitrine. Il mourut deux heures plus tard.

33

Personne vieillissait. Moins promptement, sans doute, que ses lointains semblables, soumis aux rudes nécessités de la vie sauvage, mais assurément plus vite que ne le font les hommes. Parfois, une certaine allure, un bruit de pas, le faisaient se lever d'un bond. C'était Jean Dubois assurément qui revenait enfin pour une promenade. Et puis ce n'était pas lui.

Il fallut au commencement de l'automne opérer le lion d'une griffe incarnée. Il ne se trouva pas un chirurgien en ville pour se présenter comme volontaire dans cette entreprise et s'attirer la gloire d'une opération insolite, quoique Étienne Geoffroy Saint-Hilaire se fût porté garant de la sécurité du praticien. On finit par faire venir de Maisons-Alfort un professeur d'anatomie de l'École vétérinaire à la retraite, qui effectua l'opération sans difficulté, tandis qu'Hercule soutenait tendrement Personne, en lui léchant la joue. Pendant trois semaines la rumeur courut que le petit chien avait mordu le fauve son ami, et le lion à la patte bandée fit la joie des visiteurs du Jardin.

Cependant Hercule et Personne avaient été empoisonnés, à bord du navire de la Compagnie des Indes et de la Chine, par l'eau croupie qu'on leur avait si parcimonieusement fournie, et qui était la même qu'on donnait aux nègres. L'eau en question abritait à la vérité de petits vers blancs invisibles, et ces minuscules animaux avaient d'abord élu domicile dans les intestins, sous la peau, dans les poumons des deux bêtes. Puis ils y avaient crû et prospéré, selon leur nature, aveugles et sourds aux dégâts qu'ils provoquaient. Aussi Personne et Hercule, qui n'était plus tout jeune, lui non plus, se trouvaient-ils périodiquement mis sur le flanc par des attaques de toux, accablés de maux de ventre sporadiques mais extrêmement douloureux, qui leur faisaient excréter un jus noir et nauséabond ; alors les visiteurs, déçus par ce manque de dignité, passaient promptement à une autre cage.

Hercule enfin contracta une gale. Il avait toute sa vie montré du courage dans les circonstances les plus dramatiques, mais ces démangeaisons insidieuses et incessantes eurent raison de sa fortitude. Il jappa de colère jusqu'à se rendre aphone. Il tourna en rond. Il se gratta au sang. Il finit prostré au fond de la cage. Comme il dormait tout le jour, le dos appuyé contre la paroi humide de briques maçonnées, les plaies dont il était couvert se mirent à suppurer. Et bientôt Hercule pua atrocement.

Personne avait bien essayé de lui administrer, à son habitude, de grands coups de langue pour le réconforter ; mais Hercule ne pouvait plus retenir des couinements de douleur. Personne s'écarta alors tristement. Le corps entier d'Hercule entra dans une décadence inexorable. Aucun des gardiens, qui craignaient le chagrin et la vengeance du lion, ne se dévoua pour étrangler le petit chien afin d'abréger ses souffrances. On se contenta de soustraire ce spectacle pitoyable aux yeux du public en dissimulant le malade derrière un vieux paravent. Quand Hercule mourut enfin, les gardiens Marchini et Louzardi fixèrent prudemment un croc de boucher au bout d'une perche et tirèrent le petit cadavre, qui laissa sur le sol de terre battue une longue traînée noire, jusqu'à la porte de la cage. Personne n'émit pas un son, n'esquissa pas un mouvement. Deux jours plus tard Geoffroy Saint-Hilaire donna à Louzardi l'ordre formel de nettoyer la cage. Il s'exécuta en tremblant, mais le lion ne lui jeta pas un regard. Il ne resta qu'une ombre sur le sol, dans un coin. Personne s'y installa, disposant ses pattes autour de la tache.

Si les souvenirs de Personne avaient toujours été imprécis, et comme baignés dans un brouillard laiteux, c'était qu'un langage lui manquait pour fixer ses joies et ses peines : toute forme de remembrance précise lui était interdite. Aussi l'absence demeurait-elle pour lui une souffrance constante, que chacun de ses réveils, jour après jour, ravivait : un enfer. Il se mit à gémir comme les déments qui, non loin de là, à la Salpêtrière, étaient eux aussi prisonniers des hommes.

La mélancolie de Personne était manifeste, et il y eut des visiteurs pour se plaindre qu'un animal si majestueux semblât être aussi maltraité. Il fallait chaque fois démentir, expliquer toute l'histoire. L'intendant de la Ménagerie appointé en remplacement de Jean Dubois était le dénommé Félix Cassal. Il avait fait preuve durant sa carrière de montreur d'ours d'une brutalité rare. Afin de se faire respecter, disait-il alors, de ses bêtes, il commençait toujours par les entraver et les brûler au fer rouge dans une partie tendre de leur chair, en les regardant dans les yeux. Il mettait, depuis que Geoffroy Saint-Hilaire avait changé sa vie en l'engageant, la même application à se soucier du bien-être de chacun de ses pensionnaires. Il réfléchit longtemps, et se mit en quête d'un chiot de corniaud noir et blanc qui ressemblât, autant que possible, à Hercule. Quand il l'eut trouvé, le jeune animal fut introduit dans la cage du lion, tremblant de tous ses membres. D'abord Personne ne sembla pas remarquer sa présence, et le chiot s'enhardit jusqu'à s'approcher du fauve. Personne se jeta sur le malheureux, lui déchira la gorge, referma encore une fois ses mâchoires sur lui, cracha les deux morceaux de sa victime près de la porte de sa cage, s'en retourna à sa place habituelle.

Félix Cassal ne se découragea pas. Il plaça un second chiot dans la cage voisine de celle de Personne, et qui était prévue pour une panthère qu'une affaire de douane retenait encore à Marseille. Il fit retirer les appareillages de joncs qui masquaient la vue de l'une à l'autre loge. Personne s'accoutuma peu à peu à la présence de cette amicale jeunesse qu'on avait prénommée Argos, et qui quêtait ingénument son attention. On avait pris soin de le choisir aussi différent que possible d'Hercule, sinon par la gaieté. On finit par introduire le nouveau auprès de Personne, qui le laissa dormir près de lui. Il ne montra jamais la même ferveur à l'endroit de son nouveau compagnon, mais on le voyait parfois relancer d'un coup de patte une petite balle de chiffons colorés qui amusait fort le jeune Argos. Les visiteurs demandaient si c'était là le fameux Hercule et les employés du Jardin, qui comptaient sur leurs piécettes, se gardaient bien de les détromper.

***

Suite à la disette générale de 1795, Personne se trouva fort mal nourri, comme tout le monde, bêtes et hommes, au sein du Jardin. Il perdit ses canines et l'on dut dès lors lui servir un brouet qu'il lapait chaque jour sans entrain. Les vers blancs continuaient leur vie propre dans ses entrailles. Une pâtée de sciure et de viande de cheval largement avariée le jeta sur le flanc, et il ne se releva plus. Personne mourut en juin 1796, à l'âge de dix ans environ. Félix Cassal l'accompagna dans ses derniers instants, ainsi que le jeune Argos. Sa dissection eut lieu devant une assistance nombreuse de savants. On confia sa peau au meilleur empailleur de Paris.

Jean-Gabriel Pelletan, ancien administrateur de la Compagnie des Indes à Saint-Louis, était sorti de la prison de Saint-Lazare où on l'avait incarcéré à son retour du Sénégal en août 1790 ; tandis qu'on emmenait chaque jour ses compagnons d'infortune à la guillotine, il avait distrait sa peur et ses chagrins en écrivant un nouveau mémoire sur le Sénégal, où il se faisait encore l'avocat de l'émancipation des nègres. Jusqu'au bout, il s'était montré un mauvais politique, envoyant un exemplaire dudit mémoire au Comité de salut public de Robespierre, deux jours avant sa chute. Six jours après la mort du tyran, on lui rendit sa liberté aussi arbitrairement qu'on l'en avait privé. À ce moment, Hercule et Personne vivaient encore au Jardin, mais Pelletan l'ignora toujours : il refusa à plusieurs reprises de visiter le Jardin des plantes et ses bâtiments zoologiques, de peur d'y éclater en sanglots, en y voyant quoi que ce fût qui lui rappelât l'Afrique.

En 1802 Pelletan publia son Mémoire en le dédiant à un nouveau venu auquel il croyait beaucoup, le citoyen consul Bonaparte ; sa dernière déception fut de le voir se faire nommer consul à vie, et prendre le chemin de l'absolutisme. Jean-Gabriel Pelletan mourut à la fin du mois de décembre 1802, à l'âge de cinquante-cinq ans, veillé par son fidèle compagnon Adal et par sa fille Marie, qui ne s'était pas mariée. Elle lui survécut deux ans seulement. La Révolution avait aboli la Compagnie et ses privilèges, et désormais les entrepreneurs privés pouvaient librement mettre le Sénégal en coupe réglée : ils ne s'en privaient pas.

Adal avait participé à la rédaction d'un cahier de doléances, au commencement de la Révolution, pour le compte des Africains. Il était celui qui avait dit aux Noirs d'y faire marquer tout ce qui n'allait pas ; et les anciens avaient choisi Adal pour tenir ce cahier parce qu'il avait appris à lire et à écrire auprès d'un Blanc. Adal avait tout noté, scrupuleusement. Il avait porté lui-même ce document vénérable aux États généraux de Versailles. Puis les choses n'avaient cessé de tourner mal. Il n'avait pas même eu le droit de visiter Pelletan dans sa prison. Et maintenant celui-ci était mort. Quant au Bonaparte, il avait changé de nom comme seul un démon sait le faire. Il s'appelait désormais Napoléon et avait rétabli l'esclavage, qu'on n'avait d'ailleurs pas cessé de pratiquer.

Jean-Gabriel mort, Adal retourna à Saint-Louis. Là-bas on lui reprocha vivement de n'avoir pas su que les Blancs étaient sans parole. On lui cracha même au visage, parfois. Adal ne riposta pas, il n'égorgea personne : il se sentait vieux, et ne trouvait rien à leur répondre. Il pensait que les Noirs mentaient tout autant que les Blancs, que ce monde tout entier mentait ; et que malheureusement il n'en était pas d'autre.

Adal mourut à l'âge de cent-trois ans au milieu de son désert natal, très loin au nord du Sénégal. Il avait planté sa tente dans une oasis à moitié ensablée, abandonnée des hommes. Sa gazelle apprivoisée lui survécut trois jours. Alors nul ne se souvint plus de Personne.

Du même auteur

La Théorie des nuages
Prix de l'Académie française Maurice-Genevoix 2005
Gallimard, 2005
et « Folio » n° 4537

Fils unique
Prix des Deux Magots 2007
Gallimard, 2006
et « Folio », n° 4654

Petit Éloge de la douceur
Gallimard, « Folio » n° 4618, 2007

Les Monstres : si loin si proches
Gallimard, « Découvertes » n° 520, 2007

In Memoriam
Le Promeneur, 2009

L'Enfant du Carnaval
Gallimard, « L'un et l'autre », 2009

Nous autres
Gallimard, 2009
et « Folio », n° 5048

Rom@
Gallimard, 2011

Les Monstres
Gallimard, « Albums Beaux Livres », 2013